Wildbeeren.

Wilde Beeren, Früchte & Wurzeln

FRISCH AUS DER NATUR AUF UNSERE TAFEL

Fotografiert von Cornelia Renson

Edition Fackelträger

Usch von der Winden

Inhalt

Eine Entdeckungsreise zu neuen Geschmackserlebnissen

FRISCH AUS DER NATUR AUF UNSERE TAFEL

Nach dem Schreiben meines ersten Kochbuchs »Wildkräuter & Blüten« war mir eines sofort klar: Nicht nur in Bodennähe offeriert die Natur gratis allerlei Köstlichkeiten – auch in Augenhöhe gibt es so manches Spannende zu entdecken für den heimischen Kochtopf. Die Idee zu einem zweiten Buch war geboren!

An einem Sommertag oder im goldenen Herbstlicht durch Wald und Flur zu streifen, an blühenden Hecken vorbei oder an üppige Früchte tragenden Bäumen – allein das belebt bereits die Sinne und »erdet« zugleich. Diese Schätze dann auch noch zu kosten und für das anschließende Kochvergnügen zu ernten – das ist fast wie ein Ausflug in selige Kindertage, als wir süße wilde Erdbeeren pflückten, uns an Brombeerranken die Arme zerkratzten und abends erhitzt, aber müde und glücklich nach Hause kamen. Und in der Küche vielleicht auf unsere Großmutter trafen, die immer so gut Bescheid wusste über die Geheimnisse der Früchte & Beeren. Mit der Verarbeitung dieser »Naturschätze« befassten sich allerdings nicht nur die Generationen vor uns, sie hat vielmehr eine jahrhundertealte Tradition – die wir in diesem Buch nun gemeinsam aufleben lassen.

Zunächst geht es dabei um das genaue Hinschauen – und das lässt sich lernen! Dieses Kochuch ist somit auch eine vergnügliche »Sehschule«, vor allem aber eine fundierte Anleitung zum Verarbeiten und Zubereiten von 30 »Naturschönheiten«: 13 wilde Beeren, 9 wilde Früchte und 8 wilde Wurzeln werden detailliert in Wort und Bild vorgestellt. »Natürlich schöne« Food-Fotos und raffinierte, aber unkomplizierte Rezepte machen das Nachkochen und Abwandeln der über 100 Gerichte zum Kinderspiel. Alles wird in einem frischen, kessen »Outfit« präsentiert, kein bisschen »Naturkostladen-verstaubt!«.

In jeder Zeile, in jedem Bild werden Sie mein Herzblut für die Natur spüren. Als Autorin, Köchin und Initiatorin dieses Buches möchte ich Ihnen – ob allein oder aber gemeinsam mit Familie oder Freunden – Lust machen auf all die Abenteuer, die Wiese, Feld und Wald bieten, und vor allem natürlich auf die sich anschließenden neuen Geschmackserlebnisse!

Ihre
Usch von der Winden

DAS KLEINE 1 X 1 DES ERNTENS UND VERARBEITENS

Das Sammeln und Ernten der köstlichen Beeren, Früchte und Wurzeln aus Wald und Flur gestaltet sich »komfortabler« als das manchmal durchaus etwas diffizile Auffinden von Wildkräutern.

Den meisten der im Buch aufgeführten Naturschätze sind wir schon öfter am Wegesrand begegnet, man kennt zumindest deren Aussehen (und ansonsten helfen ja die Pflanzenporträts weiter!). Und als echte Naturliebhaber wissen wir bereits von unseren zahlreichen Spaziergängen, Wanderungen und Ausflügen in der näheren und auch weiteren Umgebung her, wo die Schätze, die wir suchen, zu finden sind. Denn wir haben es ja – bis auf ganz wenige Ausnahmen, die Wurzeln nämlich – mit »standorttreuen« Gesellen zu tun.

Das macht unsere Planungen insgesamt verlässlicher; spontanes Umdisponieren des Menüplans, weil man nicht fündig wurde, ist kaum nötig. Es lässt sich somit – bevor wir losziehen – sogar eine »wilde Einkaufsliste« erstellen.

Sammeln mit Umsicht: Wir machen uns auf den Weg mit Korb, Eimer, Becher, (Garten-)Schere, Wurzelausstecher, Gartenhandschuhen – je nach Objekt der Begierde. Wer möchte, nimmt zusätzlich ein altes Küchenhandtuch zum Händesäubern mit.

Der wichtigste Grundsatz beim Pflücken & Sammeln lautet: Bin ich mir nicht ganz sicher, welche Art Beere oder Frucht mir da ins Auge sticht, lasse ich sie hängen (oder in der Erde stecken) und schlendere weiter.

Was ich hingegen sicher identifizieren kann, kommt in den Korb. Früchte wie Bucheckern, Eicheln, Hasel- und Walnüsse, Edelkastanien, die auf den Boden fallen, wenn sie reif sind, lassen sich von dort aufsammeln. Das Sortieren erfolgt zu Hause in aller Ruhe; da zeigt sich dann, was schlecht und faul ist – oder eine »taube Nuss«, was im Klartext so viel heißt wie: hohl, nichts drin.

Das Verarbeiten der Schätze: Die reife, vom Baum gefallene Walnuss wird umschlossen von einem schwarzen, schrumpeligen Mantel – einst die knackige grüne Schale –, der abgerubbelt werden muss. Wer mag, kann das schon draußen erledigen. Esskastanien (Maronen) befreit man am besten ebenfalls vor Ort von ihrer »igeligen« Ummantelung.

Für die gesammelten Bucheckern muss man sich daheim etwas Zeit nehmen; da gestaltet man am besten einen geselligen »Schalen-Knips-Abend«. Die Eicheln wandern ebenfalls »ummantelt« in den Korb, deren weitere Verarbeitung findet sich im jeweiligen Rezept.

Die ausgegrabenen Wurzeln müssen sorgfältig abgespült und gewässert werden. Sie sollten nicht zu lange auf den Verzehr warten; alles Weitere dazu steht in den Rezepten.

Die Beeren werden in einem kleinen Eimer oder Becher gesammelt; zu Hause wird aussortiert.

Bei den Früchten verfährt man ähnlich der »Märchen-Devise«: die Guten ins Töpfchen, die schlechten ins Kröpfchen. Oder anders ausgedrückt: Bereits sichtbar Verdorbenes lässt man hängen, die »feinen Früchtchen« pflückt man ab.

Die beste Tageszeit fürs Sammeln: In dieser Hinsicht – anders als bei den Wildkräutern – haben Frühaufsteher und Langschläfer gleich gute Karten: Das Pflücken der Beeren und Früchte ist tageszeitunabhängig. Einzige Ausnahme: die Wurzeln. Sie lassen sich am besten (früh-)morgens ausgraben, solange der Boden noch etwas feucht ist.

Zu den Maß- und Mengenangaben: Sofern nicht anders angegeben, sind die Rezepte für vier Personen ausgelegt.

Beim Zubereiten einer Speise im Backofen nutzen wir die Kombination aus Ober- und Unterhitze. Wer Umluft bevorzugt, stellt die Temperatur 20 °C niedriger ein, als bei den Rezepten angeführt.

Sämtliche Zutaten sind in Gramm, Stück et cetera angegeben. Bei den Wildkräutern hingegen greifen wir auf die bewährte »Handvoll« zurück. Das bedeutet: »1 Handvoll« ist genau die Menge an frischen, nicht zerkleinerten Kräutern, die gehäuft in die gewölbte Fläche einer Hand passt (also nicht beide Hände gemeinsam zur Schale formen).

Das Kochergebnis: Sieht das Ergebnis unserer Kochkünste genauso aus wie auf den Fotos? Ja. Denn es wurde nichts geschönt, alles ist authentisch. Es sieht auf Ihrem Teller also genauso lecker aus wie auf den Bildern, versprochen! Nach jeder Fotosession haben mein Team und ich es uns rund um den Tisch gemütlich gemacht und all die gerade »aufs Zelluloid« gebannten Leckereien verspeist.

Viel Vergnügen und Genuss beim Lesen, Sammeln, Nachkochen und Entdecken neuer Geschmackserlebnisse

wünscht Ihnen

Usch von der Winden

Gesundbrunnen aus Wald und Flur

INHALTSSTOFFE DER BEEREN, FRÜCHTE & WURZELN

VITAMINE

Vitamin A
ist positiv für die Haut, die Leber, die Schilddrüse und die Schleimhäute.

Zu den für uns wichtigsten Vitaminen gehören die des B-Komplexes:

Vitamin B1
wirkt günstig auf den Nervenstoffwechsel und ist auch am Eiweiß-Fettstoffwechsel beteiligt.

Vitamin B2
fördert während der Kindes-Entwicklung dessen Wachstum und Gewichtszunahme und wirkt zudem heilend bei Sehstörungen.

Vitamin B12
wird benötigt bei der Blutbildung, bei Blutarmut und Schwächezuständen nach Operationen und zur Bekämpfung von Infektionskrankheiten.

In erster Linie erfreuen wir uns in der Küche an ihren vielfältigen Geschmacksnuancen. Aber auch in anderer Hinsicht sind die »wilden Früchtchen« nicht zu verachten. Sie haben es – wie alle Pflanzen – förmlich in sich: Bestimmte Inhaltsstoffe nämlich machen die Schätze von Baum & Strauch und aus dem Erdreich entweder für uns Menschen ungenießbar oder aber sehr wertvoll, weil gesundheitsfördernd und lindernd bei allerlei kleineren und größeren Zipperlein. Im Folgenden ein kleiner Streifzug durch die wichtigsten Wirksubstanzen.

ANTHOCYANE

Anthocyane, gehören chemisch zur Gruppe der Flavonoide (siehe Seite 9). Es sind wasserlösliche Substanzen, die ausschließlich im Zellsaft höherer Landpflanzen zu finden sind und die den Pflanzen eine rote bis blauschwarze Färbung verleihen. Es handelt sich um sekundäre Farbstoffe, als Lebensmittelzusatzstoff unter E 163 gelistet und unbedenklich in der Anwendung.

Die Anthocyane besitzen eine antioxidative Wirkung: Sie binden freie Radikale im Körper. Sie sollen zudem Sehvorgänge verbessern, entzündungshemmend und gefäßschützend wirken.

Man findet den Wirkstoff vor allem in den Wildformen von Kirsche, Brombeere, Heidelbeere, Holunderbeere, Preiselbeere und Himbeere – um nur einige zu nennen.

ÄTHERISCHE ÖLE

Wir riechen sie, wir schmecken sie: die ätherischen Öle. Sie kommen in vielen Pflanzen vor – zum Beispiel im Gewöhnlichen Meerrettich, in Wacholderbeeren, in der Löwenzahn-Wurzel und im Mark der Großen Klette –, teils in den Blättern und Stängeln, teils in den Blüten. Ätherische Öle sind fettlöslich, flüchtig und verdampfen bei starkem Erwärmen rückstandsfrei.

Die Wirkungsweise der ätherischen Öle ist sehr unterschiedlich. Allen gemeinsam ist ein antibakterieller Effekt. Und entweder reizen sie die (Schleim-)Haut oder sie besitzen eine leicht betäubende Wirkung. Sie wirken zudem auf das vegetative Nervensystem, beeinflussen heilsam Magen und Darmtrakt oder wirken heilend auf das Bronchialsystem. Kurzum: Ätherische Öle sind sehr vielseitig einsetzbar.

BITTERSTOFFE

»Bitterstoffe« steht als Oberbegriff für verschiedene chemische Verbindungen, denen aber nur der bittere Geschmack gemeinsam ist. Sie wirken über die Geschmacksnerven im Mund und regen sowohl die Speicheldrüsen an als auch die Drüsen im Verdauungstrakt; deshalb sind Bitterstoffe appetit- und verdauungsfördernd – und somit bestens geeignet als Zutat für einen deftigen Braten.

Diese anregenden Substanzen finden wir zum Beispiel in Walnüssen, den Früchten des Schlehdorns, der Großen Klette, im Gewöhnlichen Meerrettich und ganz besonders in der Blutwurz, die als Digestif-Bestandteil der Verdauungsförderung dient.

FLAVONOIDE

Chemisch gesehen leiten sich die Flavonoide von den Phenolen ab (das sind organische Verbindungen, die gegen Bakterien und Pilze wirken). Sie sind durchblutungsfördernd, schweiß- und harntreibend. Zudem werden ihnen antioxidative Eigenschaften zugeschrieben. Flavonoide wirken auch gegen Magengeschwüre, Leberleiden und andere Entzündungen.

In der Wilden Kirsche, der Wald-Erdbeere und vor allem im Topinambur findet man zum Beispiel größere Mengen dieser sogenannten sekundären Pflanzenstoffen.

GERBSTOFFE

Gerbstoffe – die im Pflanzenreich häufig anzutreffen sind – wirken zusammenziehend (adstringierend), entzündungshemmend, gegen Bakterien und Viren und neutralisieren zudem Gifte. Äußerlich angewendet, machen Gerbstoffe die Haut widerstandsfähiger; innerlich zugeführt, besitzen sie einen reizmildernden und heilungsbefördernden Effekt – allerdings sollten sie nicht dauerhaft über längere Zeit eingenommen werden und in höherer Dosierung können sie sogar Schaden anrichten.

Wir kennen Gerbstoffe beispielsweise im Tee oder als Tannine im Wein. In größeren Mengen kommen sie außerdem vor in den Bucheckern, der Wildbirne und den Früchten des Schlehdorns.

VITAMINE

Vitamin H (Biotin)
fördert eine glatte, gut durchblutete Haut und regelt den Cholesterinspiegel.

Vitamin P (Rutin)
verhindert Gefäßblutungen und unterstützt außerdem die Wirkung von Vitamin C.

Vitamin C
ist für einen gesunden Stoffwechsel wichtig und nötig, wird aber nicht vom eigenen Körper produziert. Man muss es ihm zuführen. Viele Wildpflanzen – insbesondere der Sanddorn, die Berberitze und die Wilde Himbeere – enthalten mehr Vitamin C als Zitrusfrüchte. Es schützt vor Infektionskrankheiten, hilft beim Aufbau von Knochenmark und bei der Blutbildung und beeinflusst die Neubildung von Knorpeln und Knochen. Sogar Keuchhusten kann durch Zugabe von Vitamin C gelindert werden.

Vitamin E
entfaltet auf das Bindegewebe und den Muskelstoffwechsel eine regenerierende Wirkung.

INULIN

Inulin, auch Alantstärke genannt, ist ein Gemisch von Polysacchariden. Es wird von vielen Pflanzen eingelagert, so finden wir den Wirkstoff zum Beispiel im Topinambur, in der Löwenzahn-Wurzel und in der Gemeinen Wegwarte.

Das Inulin fungiert zum einen bei Diabetes mellitus (Zuckerkrankheit) als Stärkeersatz, weil es den Blutzuckerspiegel nicht beeinflusst. Zum anderen dient Inulin den Darm- und Milchsäurebakterien als Nahrung und verbessert so indirekt die Darmflora erheblich.

SAPONINE

Die Saponine (von lat. Sapo = Seife; beim Schütteln mit Wasser entwickelt sich nämlich ein seifenartiger Schaum) bilden eine Untergruppe der Glykoside. Das Senfglykosid beispielsweise tritt beim Reiben eines Blattes als scharfer und manchmal bitterer Geschmack zutage. Ein großer Vertreter in der wilden Pflanzenwelt ist der Gewöhnliche Meerrettich.

Saponine sind allgemein schleimlösend und steigern die Ausscheidungen der Körperdrüsen, wie Leber und Nieren, wirken deshalb blutreinigend. Zudem werden stärkende entzündungshemmende und hormonstimulierende Eigenschaften beobachtet. Den Pflanzen selbst dienen die unterschiedlichen Glykoside als Schutz gegen das Gefressenwerden.

SCHLEIMSTOFFE

Zahlreiche Pflanzen enthalten Schleimstoffe. Diese Substanzen – sie kommen unter anderem vor in der Blutwurz – schützen beispielsweise unsere Schleimhäute in den oberen Atemwegen und im Darmtrakt. Pflanzen mit Schleimstoffen sollten nicht abgekocht, sondern kalt angesetzt werden.

VITAMINE

Unser Organismus braucht viele Vitamine. Die Topnachricht für »Wildform-Köche«: In den wilden Vertretern von Süßkirsche & Co. sind die Vitamine in weit höherer Konzentration enthalten als in den Kulturpflanzen. Nutzen wir also diesen kostenlosen Gesundbrunnen!

Wilde Kirsche

Prunus avium subsp. avium

EIN BAUM DER VORHERSEHUNG

Die rote oder schwarze Wildkirsche – auch Wilde Vogelkirsche und Waldkirsche genannt – ist die »Mutter« fast all unserer Süß-Kirsche-Kulturformen. Sie besitzt länglich-ovale, grob gesägte Blätter und weiße Blütenbüschel, die wie eine Schiffsarmada auf hoher See an den Ästen schaukeln, gleichzeitig mit den Blättern im Mai erscheinen und unsere Wälder mit einem weißen Frühlingsschleier versehen. Die Kirschen sind der Vögel liebste »Frühjahrskur«, daher auch die Artenbezeichnung avium, von lateinisch avis, der Vogel.

Die Wildkirsche stammt ursprünglich aus der heutigen Türkei und gelangte im 1. Jahrhundert vor Christus nach Rom. Von dort aus verbreiteten die Römer sie weiter bis nach England und zu uns.

Das Wort »Kirsche« leitet sich her aus griechisch kerasia und lateinisch cerasium; im Mittelhochdeutschen sprach man von kirse oder kerse.

Bereits in der griechischen Mythologie wird die Kirsche als Quelle großer Heilkraft der Göttin Demeter zugeordnet. Und auch im Brauchtum und Volksglauben stößt man allenthalben auf die Naturschönheit: Am Barbaratag, dem 4. Dezember – Todestag der Schutzpatronin und Märtyrerin Barbara von Nikomedien, die im 3. Jahrhundert gelebt haben soll – werden nach einem weit verbreiteten Brauch Kirschzweige geschnitten. Die Blüten sollen bis zum Heiligen Abend ausschlagen und so in der kalten, düsteren Winterzeit ein wenig Licht in die Wohnung bringen. Blühen diese Barbarazweige rechtzeitig zu Weihnachten, bringt dies Glück, schönes Wetter und ein gutes Jahr; erscheinen die Blüten hingegen zu spät, droht ein langer Winter. In Japan steht die Kirschblüte für Glück, Freundschaft, Schönheit und Reinheit. Das bekannteste Fest ihr zu Ehren ist das Kirschblütenfest, Hanami.

In unserer Region liebt man die dunkle Wildkirsche als Schweizer Kirschengeist und die rote Vertreterin als Schwarzwälder Kirschwasser.

STANDORT

Die Wildkirsche bevorzugt sonnige, warme Lagen an Waldrändern. Nasskalte oder wechselnd nasse und trockene Böden mag sie gar nicht, ansonsten ist sie sehr genügsam. Aufgrund ihrer starken Eigenverjüngung gab es regelrechte Vogel-Kirschen-Wälder, die den Forstleuten sehr zu schaffen machten.

HEILWIRKUNG

Die Früchte wirken adstringierend, blutbildend, entwässernd und harntreibend. Kirschsaft wird bei Fieber, Durchfall, Husten und auch Nervosität angewendet. Der Inhaltsstoff Molybdän senkt den Harnsäurespiegel und hilft gegen Gicht. Die dunklen Farbstoffe, Anthocyane, besitzen eine schmerzstillende Wirkung. Je dunkler die Kirschen sind, umso mehr Anthocyane enthalten sie. Kirschkernkissen warm gemacht sind eine wundervolle Wärmetherapie und immer wieder verwendbar.

VERWENDUNG IN DER KÜCHE

Fein-fruchtige Süßspeisen, Säfte, Liköre und Marmeladen.

SAMMELZEIT

Die Blätter als Teemischung im Mai bis Juni, die Früchte im Juni bis Juli.

Kirschen-Strudel

EINE URÖSTERREICHISCHE KÖSTLICHKEIT, DORT WEICHSELSTRUDEL GENANNT

ZUTATEN

Für die Füllung

- 1 kg Wildkirschen (= 1 kl. randvoller Eimer)
- 150 g abgezogene, geriebene Mandeln
- 150 g Puderzucker
- 60 g feine Keksbrösel
- abgeriebene Schale von ½ unbehandelten Zitrone
- 100 g flüssige Butter

Für den Teig

- 250 g doppelt gesiebtes Mehl
- 1 Ei
- 1 TL Öl
- 1 Prise Salz
- ⅛ l lauwarmes Wasser
- etwas Öl zum Bepinseln
- reichlich Mehl zum Bestreuen
- 100 g Butter

DIE FÜLLUNG VORBEREITEN

Die Kirschen entsteinen und in einem Sieb abtropfen lassen. Die geriebenen Mandeln mit dem Puderzucker, den Keksbröseln und der geriebenen Zitronenschale vermischen. Beides beiseite stellen.

SO GELINGT DER STRUDELTEIG

Das Mehl auf ein Brett sieben und in der Mitte eine Kuhle hineindrücken. Dort hinein das Ei, Öl, Salz und zunächst die Hälfte des lauwarmen Wassers geben. Alles mit den Händen zu einem weichen Teig verarbeiten – dabei den Rest des Wassers ergänzen –, und zwar so lange, bis er sich glatt und seidig anfühlt. Den Teigklumpen auf eine bemehlte Stelle des Backblechs legen, mit etwas Öl bepinseln und eine angewärmte Schüssel darüberstülpen. 30 Minuten ruhen lassen.

Auf einem Tisch – wichtig ist eine Kante! – ein großes Leinentuch auslegen und dieses nicht zu sparsam mit Mehl bedecken. Den Strudelteig in der Mitte platzieren, mit dem Nudelholz bereits so dünn wie möglich und eher rechteckig als quadratisch ausrollen und nochmals flächig sparsam mit Öl bestreichen.

Den Strudelteig mit bemehlten Händen vorsichtig einige Zentimeter weit über die Tischkante ziehen. Jetzt kommt der Trick: Die gut bemehlten Hände – Handrücken nach oben und gespreizte Finger – vorsichtig zwischen Teig und Tuch schieben. Nun den Teig von seiner Mitte aus durch langsame Bewegungen der Hände – er liegt dabei auf den Handrücken – gleichmäßig immer dünner ausziehen. Er ist elastisch genug, dass er sich diesen Bewegungen anpasst, ohne dabei zu zerreißen.

Sobald der Teig dünn wie Zeitungspapier, also fast so durchsichtig ist, dass man das Muster des darunterliegenden Leinentuchs erkennen kann, sollten eventuelle Wülste an den Rändern vor dem Einrollen abgeschnitten werden.

Den ausgezogenen Strudelteig auf dem bemehlten Leinentuch ausbreiten und die Füllung längs auf zwei Dritteln des Teiges verteilen, und zwar in dieser Reihenfolge: zuerst die flüssige Butter auftragen, dann die Hälfte der Mandelmischung, darüber die Kirschen und zum Schluss die restliche Mandelmischung verteilen.

Durch Anheben des Tuches an der gefüllten Seite und allmähliches Vorziehen (zum eigenen Körper hin) zunächst die mit der Füllung belegte Teigfläche vorsichtig einmal einschlagen – das anschließende komplette Einrollen zur ungefüllten Seite hin geschieht dann fast wie von selbst.

Ein eingefettetes Backblech daneben platzieren, das Tuch mitsamt der Teigrolle hochheben und den Strudel elegant auf das Backblech rollen lassen.

Die Butter auslassen, aber nicht braun werden lassen; den Strudel damit bestreichen und im vorgeheizten Backofen bei 180 °C für 30 bis 45 Minuten goldbraun backen.

Zimt-Wildkirschen mit geeister Quarkmousse

Die Kirschen waschen, entkernen, in einem Sieb abtropfen lassen, dabei den Saft auffangen.

SO GELINGT DIE MOUSSE

Die Gelatine in kaltem Wasser einweichen. Eigelb und Eiweiß der beiden Eier trennen.

Das Eigelb mit dem Puderzucker und dem Vanillemark schaumig schlagen. Kardamom, die abgeriebene Zitronenschale und den Quark unterrühren.

Bei kleiner Hitze die ausgedrückte Gelatine im Zitronensaft auflösen und unter die Quarkmasse ziehen.

Erst die Sahne und dann das Eiweiß mit dem Zucker steif schlagen. Beides ebenfalls unter die Quarkmasse heben.

Die Mousse in eine Gefrierform füllen. Für 40 bis 50 Minuten zugedeckt gefrieren lassen.

DAS KIRSCHKOMPOTT ZUBEREITEN

Die Kirschen – bis auf ein paar wenige für die Garnierung – im Rotwein grob zerkleinern. Zusammen mit dem Zucker, dem aufgefangenen Kirsch-Saft und den Zimtstangen aufkochen und für 15 Minuten köcheln lassen; kalt stellen. Vor dem Anrichten die Zimtstangen entfernen.

Die Zimt-Wildkirschen auf Teller verteilen. Von der geeisten Quarkmousse mit zwei Löffeln dicke Nocke(rl)n abstechen und auf die Kirschen setzen. Mit Pistazienkernen, den ganzen Kirschen und Melisseblättchen dekorieren.

Falls Sie den Aufwand scheuen, einen Strudelteig selbst herzustellen: Die Kühltheke im Supermarkt offeriert ein meist recht solides Fertigprodukt.

ZUTATEN

Für das Kirsch-Kompott
- 500g Wilde Kirschen
- 130ml feinherber Rotwein
- 100g Zucker
- 2 Zimtstangen

Für die Mousse
- 2 Blatt weiße Gelatine
- 2 Eier (Gew.-Kl. L)
- 80g Puderzucker
- Mark von ½ Vanilleschote
- 1 Prise gemahlener Kardamom
- abgeriebene Schale von ½ unbehandelten Zitrone
- 250g Sahnequark
- 2 EL Zitronensaft
- 200g Schlagsahne
- 1 EL Zucker

Für die Garnierung
- 1 EL gehackte Pistazien
- einige Blätter Zitronenmelisse

Großmutters Kirschen-Michel

ZUTATEN

- 600 g Kirschen
- 500 ml Milch
- 4 altbackene Brötchen
- 3 Eier (Gew.-Kl. M)
- 100 g Butter
- 125 g Zucker
- 2 cl Kirschwasser
- abgeriebene Schale 1 unbehandelten Zitrone
- 1 EL Crème fraîche oder saure Sahne
- Butter und Paniermehl für die Auflaufform
- 50 g Butter

Zunächst die Kirschen vorsichtig entkernen (die Kerne kann man aufheben für ein Kirschkernkissen!).

Milch erhitzen. Die altbackenen Brötchen in dünne Scheiben schneiden, mit der heißen Milch übergießen und 30 Minuten ziehen lassen.

Zwischenzeitlich die Eier in Eiweiß und Eigelb trennen. Eiweiß steif schlagen.

Butter und Zucker schaumig schlagen, die Eigelbe unterrühren, das Kirschwasser und die abgeriebene Zitronenschale zugeben. Crème fraîche unterrühren, den Eischnee unterheben. Zum Schluss die Kirschen locker unter den Teig ziehen.

Die Masse in eine gebutterte, mit Paniermehl ausgestreute feuerfeste Auflaufform geben, obenauf Butterflöckchen verteilen. Im vorgeheizten Backofen bei 180 °C 1 Stunde lang backen.

Welch ein Duft – nach einer Wildkirschen-Sammeltour schmeckt »Omas Michel« besonders lecker!

Sorgfältig gewaschen und trocken gerieben, ergeben die gesammelten Kirschkerne die Füllung für ein wohltuend wärmendes Kirschkernkissen.

Wildkirschen hot & sweet

ZUTATEN

- 4 Handvoll Wildkirschen
- 1 Chilischote
- 30 g Puderzucker
- 200 ml Portwein

Die Wildkirschen entkernen. Die Chilischote halbieren und vorsichtig die Kerne entfernen.

Den Puderzucker in einer hohen Pfanne langsam schmelzen lassen. Mit dem Portwein ablöschen und die Chilischotenhälften zugeben.

Alles so lange köcheln lassen, bis ein zähflüssiger Brei entsteht. Die Chilihälften herausnehmen und die Kirschen zugeben. Auf kleiner Flamme 5 Minuten ziehen lassen, danach beiseite stellen.

Diese fruchtig-scharfe Köstlichkeit kann man warm oder kalt servieren. Sie schmeckt exotisch-lecker zu Fleisch, Pfannkuchen oder Eis.

GROSSMUTTERS KIRSCHEN-MICHEL

Wilde Möhre

Daucus carota subsp. carota

DIE HÜBSCHE MIT DER MOHRENBLÜTE

Schon in der Steinzeit haben unsere Vorfahren die Wurzeln der Wilden Möhre genossen, Funde von Samenkörnern in der Nähe prähistorischer Pfahlbauten zeugen davon – eine mächtige Vergangenheit, auf die die Doldenblütlerin da zurückblickt!

Sie ist eine auffällige Schönheit: Inmitten ihres strahlenden Doldenkranzes prangt die schwarz-purpurfarbene »Mohrenblüte«, die – von der Schönen geschickt als Lockmittel eingesetzt – magisch Bienen, Käfer und Fliegen anzieht, damit die Bestäubung gewährleistet ist. Von dieser »Mohrenblüte« leitet sich wahrscheinlich der Name Mohrrübe ab.

Die Wildmöhre erreicht eine stattliche Höhe von bis zu 120 Zentimetern. Sie bildet Gruppen von elegant-feingliedrigen weißen Blütenkränzen aus und, je nach Vegetationsstadium, rollen sich die Fruchtdolden vogelnestartig nach innen mit fast kugeliger Struktur. Aber nicht nur mit ihren äußeren Pfründen kann sie wuchern, auch ihr »Innenleben« hat so einiges zu bieten. Der griechische Arzt Dioscurides erkannte schon früh ihre Heilwirkung und Magenfreundlichkeit. Der Samen der Wilden Möhre galt als harntreibend und menstruationsfördernd. Und der Wurzel wurde schon früh eine aphrodisierende Wirkung nachgesagt; im Kochbuch des bekanntesten Feinschmeckers der alten Römer, Apicius, nahm die »carota« breiten Raum ein – denn sie versprach zweierlei sinnlichen Genuss: zum einen Gaumenkitzel und zum anderen das Anheizen der Begierde. Heute gehen wir da etwas nüchterner und pragmatischer »an die Möhre ran«... Und auch Karl der Große sah die Sache eher praktisch: Im frühen Mittelalter empfahl er die Wilde Möhre in seinem »Capitulare de villis« sogar für den geregelten Anbau.

Die Wurzel der Wildform ist weiß, da fast carotinlos, daumendick und kann bis zu 1 Meter lang werden. Man muss schon ein bisschen graben, aber sie lässt sich gut herausziehen. Nach dem Waschen spaltet man die Rübe längs und entfernt das mittig liegende härtere Stück, das »Herz«. Der äußere Teil hingegen ist zart und schmeckt süß.

Die Wilde Möhre ist die Mutter unserer heutigen Gartenmöhre oder Karotte.

STANDORT

Die Wildmöhre liebt sonnige Böden und siedelt sich überall dort an, wo sie ein ihr genehmes Plätzchen findet, ob Wiesen, Wegränder, Felder oder Waldränder.

HEILWIRKUNG

Die Wurzel ist reich an Pektin, das gegen Durchfall hilft, Vitamin C, B1 und B2. Im 20. Jahrhundert schätzte der bekannte Kräuterpfarrer Künzle die Wilde Möhre nicht nur als gute, nahrhafte Speise, sondern auch als nützliche Arznei gegen Leber-, Nieren-, Milz- und Blasenschwäche. Die Samen haben durch ihre ätherischen Öle und Flavonoide eine beruhigende Wirkung auf den Magen-Darm-Trakt.

VERWENDUNG IN DER KÜCHE

Die Wurzeln munden als Gemüse, Beilage und in Suppen.

SAMMELZEIT

Die Blüte von Mai bis Oktober, die Wurzel von August bis Oktober.

Große Klette

Arctium lappa

DIE ANHÄNGLICHE KRATZBÜRSTE

Sich als Kind mit Kletten-Köpfen zu bewerfen, das war für uns ein echter Sport. Denn die pieksenden Geschosse – leicht, wie sie waren, ließen sie kaum Zielgenauigkeit zu – blieben nicht nur am „Gegner", sondern an den unmöglichsten Stellen hängen, hafteten sogar an rauen Wänden. Am gemeinsten aber fühlte es sich in den Haaren an. Die tiefere Bedeutung der nicht gerade freundlich gemeinten Redewendung „wie eine Klette an jemandem kleben" wurde einem da plastisch bewusst.

Doch wir tun der Widerborstigen Unrecht. Denn neben ihrer anhänglichen Art hat sie auch viel Liebenswertes zu bieten – und sogar Nützliches: als Vorbild nämlich für den so überaus praktischen Klettverschluss.

Die zweijährige Pflanze ist eine imposante Erscheinung, die bis zu 2 Meter hoch werden kann. Im Sommer sitzen zwischen den breiten, fleischigen Blättern stachelige grüne Kugeln, die rosa bis purpurrote Köpfe bekommen: die Doldenblüten – die beliebten Wurfgeschosse.

Wir verwenden die Blätter und das Mark der Stängel. Die Wurzeln, die an den Geschmack von Schwarzwurzeln erinnern, lassen sich nur sehr mühevoll aus dem steinigen Boden graben. Die alten Kräuterhexen müssen Bärenkräfte besessen haben – worauf der botanische Name sogar hinweist: Arctium leitet sich vom griechischen arcteion, der Bär, ab; und im Keltischen steht lapp für die Pranke. Die Große Klette mutet an wie ein großer zottiger Bär mit vielfältigen Kräften. Meister Petz wiederum werden hervorragende Pflanzen- und Wurzelkenntnisse zugesprochen – was die Pflanzenschamanen ihrerseits ausnutzten, indem sie sich bei ihrer Suche nach geeigneten Heilpflanzen auf das Gespür der Bären verließen.

Die Germanen weihten die Klette dem Donnergott Thor (Donar), der mit seinen Blitzschlägen Drachen und andere böswillige Subjekte vertrieb. Der berühmteste griechische Pharmakologe und Arzt des Altertums, Dioscurides, wusste bereits um die Heilwirkung der imposanten Kratzbürste, und im Mittelalter fand man die Klette in allen Kräuterbüchern. Heinrich III. soll mit deren Wurzeln von seiner Syphilis geheilt worden sein.

STANDORT

Man findet die Große Klette auf Brachland, Schutthalden, an Zäunen, Weg- und Waldrändern. Sie bevorzugt basenreichen, lehmigen Boden.

HEILWIRKUNG

Mit ihren Schleimstoffen, Gerb- und Bitterstoffen wie auch den ätherischen Ölen ist die Klette ein hervorragendes Blutreinigungsmittel. Ihre Einnahme hilft bei der Beseitigung von Gallen- und Harnsteinen und ihre schweißtreibende Kraft ist bekannt.

VERWENDUNG IN DER KÜCHE

Uns munden die noch zarten Blätter und das Stängelmark als Gemüse, Beilage sowie süß Kandiertes. Freiwillig gibt die Stachlig-Widerborstige ihre Köstlichkeiten allerdings nicht her – man muss schon ein bisschen arbeiten (Näheres dazu bei den Rezepten).

SAMMELZEIT

Die Blätter sind am zartesten vor der Blütezeit, die Stängel ernten wir bei Blütenansatz im Juni bis August; die Wurzeln munden im zeitigen Frühjahr oder im Herbst.

GEMÜSEVARIATIONEN VON WILDER MÖHRE UND KLETTEN-MARK AN WILDKRÄUTERSCHNITZEL MIT BUTTERSCHAUM

Gemüsevariationen von Wilder Möhre und Kletten-Mark an Wildkräuterschnitzel mit Butterschaum

Die gewaschenen und geputzten Wurzeln der Wilden Möhre mit einem scharfen Messer dünn schälen und mittig längs spalten. Das Innere, das harte »Herz«, wird entfernt. Die äußeren, weichen Teile werden kurz in kaltes Wasser gelegt.

Die Kletten-Stiele waschen und die bittere Außenhaut sorgfältig abschälen. Das Innere – das grün- bis weißliche Mark – hingegen ist von köstlich nussigem Geschmack.

Die Kulturmöhren putzen und längs vierteln.

Die Wildkräuter waschen, putzen und klein schneiden; erst einmal beiseite stellen.

Wasser in einem Topf mit etwas Salz und dem Natron aufkochen, darin die Möhren-Wurzeln, die Kulturmöhren und die Stängel Kletten-Mark für 20 Minuten köcheln lassen.

In der Zwischenzeit die Gemüsezwiebel schälen, oben einen Deckel abschneiden und großzügig aushöhlen.

Das fertig gegarte Gemüse aus dem Topf schöpfen, warm stellen.

Im selben Kochwasser die Gemüsezwiebel für 15 Minuten leicht simmernd weich garen lassen, vorsichtig herausnehmen, warm stellen.

In einer Kasserolle ¼ l Wasser erhitzen, 100 Gramm der Butter zugeben, darin die Möhren-Wurzeln, die Kulturmöhren und das Kletten-Mark weitere 15 Minuten dünsten. Salzen und pfeffern, je 1 Prise Zucker und Muskat zugeben. Gemüse herausnehmen, warm stellen.

Die Stängel Kletten-Mark mit den Streifen Tiroler Speck zu 4 kleinen Bunden umwickeln. Die Möhrenteile in die weiche Zwiebel geben, warm halten.

Eine Pfanne heiß werden lassen, Öl zugeben und die Steaks von beiden Seiten anbraten. Temperatur reduzieren, das Fleisch 10 Minuten brutzeln lassen, dabei einmal wenden. Die Oberseiten mit Wildkräutern bedecken und die Steaks für weitere 4 Minuten schmurgeln lassen.

Derweil die restlichen 50 Gramm Butter in einer Pfanne schaumig aufschlagen, die Chilifäden ins Bratfett geben.

Zum Schluss das Gemüse, die Schnitzel, die geschäumte Butter samt Chilifäden auf einem vorgewärmten Teller hübsch anrichten.

Dazu passt am besten Reis.

ZUTATEN

- 4 Möhren-Wurzeln
- 4 Kletten-Stiele
- 2 Kulturmöhren
- 1 Handvoll frisch gesammelte Wildkräuter (Giersch, Gundermann, Löwenzahn)
- Salz
- 2 Prisen Natron
- 1 gr. Gemüsezwiebel
- 150 g Butter
- Pfeffer
- 1 Prise Zucker
- 1 Prise Muskat
- 4 Streifen Tiroler Speck
- Öl zum Anbraten
- 4 Schweinerückensteaks (à 200 g)
- einige Chilifäden

Tomaten mit würziger Kletten-Mark-Füllung

ZUTATEN

- 200 g Kletten-Mark
- 1 Prise Natron
- 60 g Butter
- 100 ml Gemüsebrühe
- Salz
- frisch gemahlener Pfeffer
- frisch gemahlener Muskat
- 4 Ochsenherzen (Tomaten)
- 1 Prise Zucker
- 1 fein gehackte Zwiebel
- 1 fein gehackte Knoblauchzehe
- 100 g Schlagsahne
- 100 g frisch geriebener Parmesankäse

Die Kletten-Stiele mit einem scharfen Messer sorgfältig, aber so dünn wie möglich schälen. Das so gewonnene Mark in mit etwas Salz und 1 Prise Natron versetztem Wasser für 20 Minuten köcheln lassen, aus dem Wasser nehmen.

In einer Kasserolle die Hälfte der Butter schmelzen lassen, die gekochten Markstücke zugeben, ebenso die Gemüsebrühe; salzen, pfeffern und mit Muskat würzen. Für weitere 10 Minuten dünsten lassen, beiseite stellen.

Die Tomaten waschen. Die obere Kappe (am Stiel) abschneiden, das Innere komplett mit einem Löffel herausholen, mit 1 Prise Zucker und etwas Salz ausstreuen.

Die restliche Butter flüssig werden lassen. Zwiebel- und Knoblauchwürfel glasig andünsten, die Sahne zufügen, salzen, pfeffern und einmal kurz aufkochen lassen. Den geriebenen Parmesankäse zugeben.

Kletten-Mark in die Tomaten füllen und diese in eine gebutterte feuerfeste Form stellen. Die Sahne-Käse-Mischung ebenfalls in die Tomaten gießen. Im vorgeheizten Backofen bei 220 °C für 10 bis 15 Minuten überbacken.

Dazu passen knusprige Bratkartoffeln oder Baguettebrot.

Kletten-Mark und Wurzeln der Wilden Möhre in Sahnesauce

Die Kletten-Stängel sorgfältig schälen, das Innere (das Mark) in Stücke von circa 2 Zentimeter Länge schneiden. Die Wurzeln der Wilden Möhre waschen, ebenfalls schälen, mittig längs halbieren, innen das harte „Herz" entfernen, die äußeren Teile in etwa gleich große Stücke wie die Kletten-Stiele schneiden.

Salzwasser, versetzt mit 1 Prise Natron, zum Kochen bringen, Kletten- und Möhren-Stücke darin 20 Minuten köcheln lassen.

Den Lauch waschen, putzen und in Ringe schneiden; nach 10 Minuten Kochzeit zum Wildgemüse geben und 10 Minuten mitgaren.

Das Wasser abgießen, das Gemüse im Topf wieder auf die Herdplatte stellen. Butter und ein wenig Wasser zum heißen Gemüse geben; warten bis die Flüssigkeit verdampft ist. Beiseite stellen.

ZUBEREITUNG DER SAUCE

Die Schalotten schälen, mit den Gewürznelken spicken, Milch mit 1 Prise Salz und den gewaschenen Kräuterstängeln aufkochen, Schalotten darin für 15 Minuten köcheln lassen. Die Milch durchsieben, etwas abkühlen lassen und mit der Schlagsahne mischen.

Aus der Hälfte der Butter und dem Mehl eine helle Mehlschwitze zubereiten (dazu Butter zerlassen und Mehl unter ständigem Rühren anschwitzen), mit der Milch-Sahne-Mischung aufgießen und etwas einkochen lassen. Mit Salz und Pfeffer würzen.

Das fertig gegarte (Wild-)Gemüse in die Sauce geben, kurz aufkochen lassen und die restliche Butter einrühren, servieren.

Diese Köstlichkeit ist vielseitig einsetzbar: als rein vegetarisches Gericht mit Reis oder aber als Beilage zu Fisch oder Fleisch.

ZUTATEN

- 300 g Kletten-Mark
- 200 g Wurzeln der Wilden Möhre
- 1 Prise Salz
- 1 Prise Natron
- 1 Stange Lauch
- 20 g Butter

Für die Sahnesauce

- 3 Schalotten
- 6 Gewürznelken
- ½ l Milch
- 5 Giersch- oder Petersilienstängel
- ⅛ l Schlagsahne
- 60 g Butter
- 30 g Mehl
- Salz, Pfeffer

Wilde Himbeere oder Wald-Himbeere

Rubus idaeus

DIE TROJANISCHE BEERE

100 Jahre vor Christus berichtete ein griechischer Arzt namens Krateuas von einer wunderbaren Beere, die in der Troas wuchs – so der antike Name für einen Landstrich südöstlich der Dardanellen in Kleinasien, wo einst auch das homerische Troja lag. Rasch fand sie die Gunst der Genießer und stieg auf zu einer königlichen Frucht. Sie bestach zunächst alle mit ihrer süßen Saftigkeit, überzeugte darüber hinaus bald aber auch mit ihrer rasch erkannten Heilwirkung. In Rom beschrieb Plinius der Ältere sie in seinem Werk »Naturalis historia« somit korrekt als »Idaeus rubus«, von den Griechen herstammend. In der Jungsteinzeit galt das Rosengewächs – das botanisch gesehen gar keine Beere, sondern vielmehr eine Steinsammelfrucht ist – auch bei uns als Delikatesse und war ein fester Bestandteil der Ernährung.

Ihren Namen erhielt die Himbeere durch Lautangleichung, basierend auf dem mittelhochdeutschen Wort »hinde« (Hirschkuh), von dem »him« abgeleitet wurde. Wissenschaftler vermuten, dass man an Orten, wo sich die Hirschkuh versteckt hielt, besonders häufig auf die süße Frucht traf und sie deshalb nach der Hinde benannte.

Schon im Mittelalter beschäftigten sich Mönche intensiv mit Anbau und Kultivierung dieser wilden Köstlichkeit. Sie war eine äußerst unproblematische, pflegeleichte und einfach zu vermehrende Dame. Die Züchtungen aus dem Mittelalter haben noch heute Bestand, wobei es neben der dunkelroten Frucht auch eine gelbe Züchtung gibt. Die Himbeere – uralt und noch immer faszinierend geschmackvoll!

Verwechseln kann man die Wilde Himbeere lediglich mit der Steinbeere – auch Felsen-Himbeere genannt – mit ihren im August reifenden, ebenfalls essbaren Früchten, die an Johannisbeeren erinnern. Gut für uns zu wissen: Die (Wilde) Himbeere besitzt keine giftigen Doppelgänger.

STANDORT

Die Wilde Himbeere fühlt sich so richtig wohl an sonnigen Lichtungen und an Waldrändern mit hoher Luftfeuchtigkeit; sie bevorzugt nitratreiche Böden.

HEILWIRKUNG

Sie punktet mit einem überaus hohen Vitamin C-Gehalt. Bedingt durch die Anthocyane besitzen die Beeren zudem eine entzündungshemmende Wirkung, wirken adstringierend, positiv auf die Sehkraft sowie lindernd bei entzündlichen Augenleiden.

VERWENDUNG IN DER KÜCHE

In vielerlei Süßspeisen, als aromatische Beilage zu Fleisch, Geflügel und Wild nimmt die Wilde Himbeere einen ganz besonderen Platz ein.

SAMMELZEIT

Juni bis August.

Himbeer-Waffeltürmchen

ZUTATEN

- 250 g reife Wilde Himbeeren
- 100 g Mehl
- 100 g Butter
- 50 g Zucker
- 1 Päckchen Bourbon-Vanille (oder das ausgeschabte Mark ½ Vanillestange)
- abgeriebene Schale von ½ ungespritzten Zitrone
- 2 Eier (Gew.-Kl. M)
- 300 g Schlagsahne
- 1 Päckchen Vanillepudding ohne Kochen
- 1 Päckchen Sahnesteif

Zunächst aus Mehl, weicher Butter, Zucker, Vanille, Zitronenschale und zuletzt den Eiern einen glatten Waffelteig rühren.

Das Waffeleisen anheizen und nach und nach 3 Waffeln ausbacken und auskühlen lassen. In einzelne »Herzstücke« teilen und damit vier »Türmchen« stapeln.

Mit dem Handmixer die Sahne und das Vanillepuddingpulver zunächst kräftig durchschlagen und dann das Sahnesteif untermischen. Die Himbeeren waschen und 200 Gramm davon vorsichtig unterheben. Die Puddingcreme jeweils auf die beiden unteren Herzen der Türmchen verteilen.

Die vier Türmchen mit den restlichen Himbeeren dekorieren und anrichten.

Likör von Wilden Himbeeren

ZUTATEN

- 500 g Wilde Himbeeren
- 400 g unraffinierter Rohrzucker
- 1 l Wodka (passt geschmacklich am besten)

Für den sogenannten Aufgesetzten die Wilden Himbeeren putzen und sorgfältig zerquetschen. Rohrzucker und Himbeeren auf dicht verschließbare Flaschen verteilen, mit Wodka aufsetzen und 4 Wochen bei Zimmertemperatur stehen lassen.

Im Anschluss abseihen und in saubere Flaschen füllen.

Der Likör hält sich viele Monate lang und schmeckt somit noch in der Winterzeit köstlich zu Eis, Cremes und Früchten.

HIMBEER-WAFFELTÜRMCHEN

Himbeer-Eis am Stiel

ZUTATEN

Für 12 Stück

500 g Wilde Himbeeren
100 g Zucker
250 g Vanillejoghurt

Himbeeren putzen, mit dem Zucker und 80 Milliliter Wasser circa 2 Minuten dünsten. Durch ein Sieb streichen und die Fruchtmasse auskühlen lassen.

Das Püree mit dem Vanillejoghurt so verrühren, dass ein marmoriertes Muster entsteht.

Die Masse in 12 Stieleisformen (im Fachhandel erhältlich) füllen, die Stiele hineinstecken und für circa 8 Stunden tiefgefrieren.

Himbeer-Koriander-Chutney

ZUTATEN

500 g Wilde Himbeeren
200 g süße Kirschtomaten
1 Bund Schnittlauch
½ Bund Koriandergrün
1 EL Rapsöl
1–2 fein gehackte rote Chilis
50 g Gelierzucker
50 ml Rhabarbersaft
Salz, Pfeffer

Die Himbeeren waschen und halbieren. Die Kirschtomaten überbrühen und häuten, danach halbieren und die weißen »Stege« entfernen.

Den Schnittlauch putzen und in dünne Ringe schneiden.

Die Korianderblätter von den Stielen knipsen und in feine Stücke schneiden.

Das Öl in einem Topf erhitzen und Chili sowie Kirschtomaten darin anbraten. Den Gelierzucker zufügen. Rhabarbersaft zugießen und auf die Hälfte der Menge bei mittlerer Hitze einkochen lassen.

Himbeeren und Schnittlauch zugeben und für weitere 5 Minuten köcheln lassen.

Die Korianderblätter zugeben, mit Salz und Pfeffer abschmecken.

Chutney in verschließbare Vorratsgläser füllen, diese fest verschließen und umgedreht auskühlen lassen.

Ein herrlich fruchtig-exotisches Erlebnis als Beigabe zu Fleisch!

Sorbet von Wilder Himbeere

Die Himbeeren putzen und waschen.

Von einer Limette zunächst die Schale abreiben, dann den Saft von beiden auspressen.

Die Himbeeren mit der Limettenschale und dem Zucker pürieren, den Limettensaft unterrühren.

Den Frischkäse zugeben und weiterpürieren, bis eine glatte Masse entsteht.

4 Minzestängel beiseitelegen, von den übrigen 6 die Blättchen abzupfen und fein schneiden.

Die Sahne steif schlagen, die gehackte Minze unterheben und dann vorsichtig unter die Fruchtmasse ziehen.

Die Masse in einen Gefrierbehälter füllen und für circa 8 Stunden tiefgefrieren. Während dieser Zeit regelmäßig – etwa jede halbe Stunde – umrühren.

Das Sorbet zum Servieren in Gläser füllen und mit je 1 Zweig Minze dekorieren.

ZUTATEN

- 350 g Wilde Himbeeren
- 2 Biolimetten
- 80 g Zucker
- 150 g Doppelrahmfrischkäse
- 10 Stiele frische Minze
- 100 g Schlagsahne

Tee aus den Blättern der Wilden Himbeere

Die frisch gepflückten Blätter zunächst leicht welken lassen (am besten einen Tag lang im Sammelkorb liegen lassen).

Danach breitet man die Himbeer-Blätter – nicht mehr als 10 Stück auf einmal – auf einem Küchentuch aus, bespritzt sie gleichmäßig, aber sparsam, mit etwas Wasser und rollt das Tuch zu einer Rolle ein, die man für 4 Tage an einen warmen Ort legt.

Wieder ausgepackt, duften die Blätter wie zarte Blüten. Doch nach dem nun folgenden Trocknungsprozess (1 bis 2 Tage reichen meist aus) ist plötzlich der schöne Duft weg. Wenn man den fermentierten Tee – denn um nichts anderes handelt es sich – dann in eine Blechdose gibt, entwickelt sich der »Zauberduft« bereits nach kurzer Zeit wieder.

Dieser fein-aromatische Tee schmeckt nicht nur köstlich, sondern ist zudem ein wirksames Mittel gegen alle Entzündungen des Verdauungstraktes.

ZUTATEN

- 20–30 frische Blätter der Wilden Himbeere

Wald-Erdbeere

Fragaria vesca

DIE BEERE, DIE EIGENTLICH EINE NUSS IST

Schon in der Antike liebte man die Erdbeere, die sogar von so bedeutenden Dichtern wie Ovid und Vergil gepriesen wurde, als köstliche Küchenbereicherung – noch heute ablesbar an ihrem Beinamen »vesca«, essbar. Die süße Frucht inspirierte große Köche zu den leckersten Speisen.

Und auch in der Kunst treffen wir immer wieder auf die Darstellung der kleinen Beere aus dem Wald. Durch ihre Fähigkeit, gleichzeitig zu blühen und zu fruchten, gilt sie als Symbol der Verlockung und der Sinnesfreude. Das Christentum jedoch kehrte diese Bedeutung ins glatte Gegenteil: Als Sinnbild der Rechtschaffenheit sieht man auf Mariengemälden die kleine Fragaria oft als Begleitpflanze – die blühende Erdbeerpflanze als Allegorie für fromme und gute Gedanken. Und in zahlreichen Märchen und Sagen findet sie ebenfalls Erwähnung. In der germanischen Mythologie ist sie der Göttin Freya zugeordnet. In Grimms Märchen lässt die böse Stiefmutter die kleine Heldin der Geschichte nur mit einem hauchdünnen Kleid aus Papier bekleidet im tiefsten Winter nach Erdbeeren suchen.

Die köstliche Beere, die botanisch gesehen gar keine ist, gehört zu den Sammelnussfrüchten: Aus vielen kleinen Nüsschen bestehend, wird die Frucht im Verlauf ihrer Reife aufgrund der Anthocyane immer roter und süßer. Überraschend auch, dass die Wald-Erdbeere – obwohl ebenfalls mehrjährig und optisch so ähnlich mit ihren scharf gezackten dreizähligen Blättern – mit unserer großen Kultur-Erdbeere noch nicht einmal verwandt ist. Die kleine Monats-Erdbeere ist ihre Nachfolgerin.

Wald-Erdbeeren bilden in den nördlichen Ländern in guten Jahren ausgedehnte rote Teppiche. Eine Freundin aus Schweden verriet mir einen süßen Sammel-Trick aus ihrer Kindheit: Auf einen dicken, langen Grashalm (die »Quaste« diente als Stopp) fädelten die Kinder wie Glasperlen all die süßen roten Früchte, die nicht gleich in den Mund wanderten. Dieses »Erdbeer-Perlenspiel« ließ sich dann wunderbar nach Hause tragen und man konnte später herrlich davon naschen.

STANDORT

Sie heißt zwar Wald-Erdbeere, ist aber eher heimisch auf Wiesen, kleinen Lichtungen und Hängen. Sie bevorzugt sonnige, aber feuchte und gut durchlässige, nährstoffreiche Böden.

HEILWIRKUNG

Die roten Beeren enthalten Bitterstoffe, Gerbstoffe, Flavonoide, Anthocyane, etwas Ascorbinsäure und ätherische Öle. Ihr Genuss kann die Funktion von Galle und Leber verbessern, sie wirkt kräftigend bei Blutarmut, zudem blutreinigend und auch gegen Nervosität.

VERWENDUNG IN DER KÜCHE

In Kuchen, Süßspeisen, aber auch als ungewöhnliche Beilage, zum Beispiel dem Chutney-ähnlichen Fragolaceto.

SAMMELZEIT

Blätter: Mai bis August;
Früchte: Juli bis September.

WALD-ERDBEER-MUFFINS

Wald-Erdbeer-Muffins

Die Erdbeeren waschen und putzen. Sechs Beeren beiseite legen für die Garnierung.

Das Mehl mit dem Backpulver mischen und die Schlagsahne unterheben. Dann die Zitronenschale zugeben und alles vermengen.

Die Eier locker unterrühren. Nach und nach den Joghurt sowie zum Schluss die Erdbeeren vorsichtig unterheben.

Der Teig wird in die mit Öl ausgepinselten Kaffeetassen gefüllt.

Die Muffins im auf 180 °C vorgeheizten Backofen 20 bis 25 Minuten backen. Und keine Sorge, das Porzellan hält diese Temperatur aus, ohne zu zerspringen!

ZUTATEN

Für 6 Kaffeetassen

- 2 randvolle Kaffeetassen Wald-Erdbeeren
- 160 g Dinkelmehl (Typ 630)
- 100 g Weizenmehl
- 1 Päckchen Backpulver
- 40 g Schlagsahne
- abgeriebene Schale von 1 Biozitrone
- 2 Eier (Gew.-Kl. M)
- 200 g Naturjoghurt
- Öl zum Einfetten der Tassen

Wald-Erdbeer-Lassi mit Basilikum

EIN HIMMLISCHER JOGHURT-DRINK MIT WILD-WÜRZIGER NOTE

Von den Wald-Erdbeeren 16 Stück und von den Basilikumstielen 2 beiseite legen für die Garnierung.

Die restlichen Erdbeeren mit Zitronensaft, Puderzucker, Joghurt, Mineralwasser und den übrigen Basilikumblättern sehr fein pürieren.

Lassi in vier hohe Gläser verteilen.

Als Dekoration Basilikumblätter und Wald-Erdbeeren auf Spießchen stecken und diese waagerecht aufs Glas legen.

ZUTATEN

- 500 g Wald-Erdbeeren
- 16 Stiele Basilikum
- 2 EL Zitronensaft
- 6 EL Puderzucker
- 600 g Vollmilchjoghurt naturell
- 200 ml Mineralwasser

Fragolaceto von der Wald-Erdbeere

ZUTATEN

200 g Wald-Erdbeeren
10 EL alter Balsamico-Essig
200 g Gelierzucker

Die geputzten Wald-Erdbeeren in eine Plastikschüssel geben und mit dem Balsamico pürieren. Das Püree mit dem Gelierzucker vermischen und für gut 15 Minuten mit der Küchenmaschine oder dem Handmixer kräftig rühren.

30 Minuten stehen lassen, danach den Schaum abschöpfen.

Den Fragolaceto in saubere, dicht verschließbare Gläser abfüllen. So hält er sich für mehrere Wochen.

Diese italienische Spezialität schmeckt köstlich zu Käse, Lamm oder Wild.

Mozzarella-Tomaten-Tarte mit Wald-Erdbeeren

ZUTATEN

Für 8 bis 12 Stück
300 g frische Wald-Erdbeeren
½ Bund Oregano
500 g aromatische Tomaten
200 g Mozzarella
4 EL Olivenöl
2 EL weißer Balsamico-Essig
Salz, frisch gemahlener Pfeffer
1 Prise Zucker
40–50 g Butter
2 Filoteig-Blätter (50 x 40 cm; ersatzweise ca. 4 Platten Blätterteig)

Den Backofen auf 200 °C vorheizen.

Die Erdbeeren waschen und putzen. Den Oregano waschen und in feine Streifen schneiden. Die Tomaten überbrühen, häuten, entkernen und in Stücke von der Größe einer Erdbeere schneiden. Den Mozzarella abtropfen lassen und in etwa ebenso große Würfel schneiden.

Diese Zutaten zusammen mit Olivenöl, Balsamico und den Gewürzen in einer Schüssel vorsichtig vermengen.

Die Butter schmelzen lassen.

Eine Pizzaform (Durchmesser 26/28 Zentimeter) sparsam mit etwas zerlassener Butter einfetten.

Die Oberseiten der Filoteig-Blätter dünn mit flüssiger Butter bestreichen und über Kreuz – dabei den Rand der Pizzaform großzügig überlappend – in die Form legen.

Die Füllung auf die Teigblätter geben; leicht nachsalzen und -pfeffern.

Den überstehenden Teig nach oben über die Füllung klappen, sodass sie gut bedeckt ist; etwas andrücken und dünn mit der restlichen Butter bepinseln.

Die Tarte bei 200 °C auf mittlerer Schiene 15 Minuten lang backen; danach bei Bedarf weitere 10 Minuten bei 180 °C (damit sie nicht zu braun wird).

Quark-Knödel mit Wald-Erdbeeren

Die Wald-Erdbeeren waschen, vom Stiel zupfen und vorsichtig trocken tupfen. Die Hälfte beiseite stellen.

Aus Quark, weicher Butter, Mehl und der Prise Salz einen geschmeidigen Teig kneten.

Mit einem Esslöffel eine Portion vom Teig abnehmen, zu einer Kugel formen und auf der Handfläche platt drücken. In die Mitte eine Erdbeere setzen, diese in den Teig einschlagen und erneut eine Kugel formen.

Die Erdbeer-Knödel – nicht zu viele auf einmal! – in siedendem Salzwasser bei mittlerer Hitze 20 Minuten ziehen lassen; herausschöpfen, abtropfen lassen und eventuell kurz warm stellen, bis alle Knödel fertig sind.

In einer Pfanne die Butter zerlassen, den Zucker darin auflösen und die Semmelbrösel zufügen. Unter Rühren etwas anbräunen lassen.

Die Knödel vorsichtig in den Semmelbröseln wälzen und zusammen mit den frischen Wald-Erdbeeren servieren.

Wer mag, kann natürlich noch Schlagsahne dazu reichen.

ZUTATEN

- 500 g Wald-Erdbeeren
- 250 g Quark (40 % Fett)
- 50 g weiche Butter
- 250 g Mehl
- 1 Prise Salz
- 2 EL Butter
- 1 EL Zucker
- 4 EL Semmelbrösel

Knackiger Sommersalat mit Wald-Erdbeeren

Die Wald-Erdbeeren waschen und vorsichtig trocknen.

Den grünen Spargel an den Enden schälen, 10 Minuten in kochendem Wasser bissfest garen, in kleine, circa 1 Zentimeter große Stücke schneiden und abkühlen lassen. Den Pflücksalat waschen und trocknen. Die Zutaten in einer Schüssel mischen. Den grünen Pfeffer abtropfen lassen, zerdrücken und unterheben.

Für die Salatsauce den Essig in ein kleine Schüssel (hilfreich: mit rund gewölbtem Boden) geben, den Senf zufügen, mit dem Rührbesen homogen verrühren, dann das Öl nach und nach unter Rühren zugeben. Mit Salz, Pfeffer und Zucker würzen.

Das Dressing über den Sommersalat geben – und sich diesen mit Scheiben von Baguettebrot gut schmecken lassen!

ZUTATEN

- 300 g Wald-Erdbeeren
- 200 g grüner Spargel
- 100 g Pflücksalat (Sorte nach Geschmack)
- 1 EL eingelegter grüner Pfeffer

Für die Salatsauce

- 2 EL Essig (z. B. milder Apfelessig)
- 1 TL feiner Senf
- 4 EL Öl (z. B. Leinöl)
- je 1 Prise Salz, Pfeffer, Zucker

Wilde Brombeere

Rubus fruticosus

DIE FRUCHT AUS DER STEINZEIT

Auch diese ist – wie die Wald-Erdbeere und die Wilde Himbeere – nur dem Namen nach eine Beere. Botanisch gesehen gehört sie vielmehr zu den Sammelsteinfrüchten. Die »Beere« besteht aus lauter kleinen Steinfrüchten, die jeweils mit dem gewölbten Blütenboden fest verhaftet sind.

Unter den Steinzeitfunden der schweizer Pfahlbauten entdeckte man Kerne, die eindeutig der Brombeere, der Himbeere und auch der Wald-Erdbeere zugerechnet werden konnten. Wir haben es hier also zu tun mit uralten Pflanzengesellen, die heute noch so köstlich wie damals schmecken. Und schon in dieser frühen Zeit goutierten die Menschen die süßen Früchte nicht nur als Bereicherung ihres Speiseplans, sondern auch aufgrund ihrer Fähigkeit, diverse Alltagsbeschwerden zu lindern.

Ihren heutigen Namen verdankt die Brombeere dem althochdeutschen »bramberi«, Dorngebüschbeere, was auf ihre Wehrhaftigkeit deutet, denn ihre köstlichen Früchte gibt sie nicht so einfach her, große kräftige Dornen erschweren manchmal das Pflücken. Wer kann sich nicht an unangenehme Sammelaktionen erinnern, wo die Arme hinterher fast nach einer unliebsamen Begegnung mit Nachbars Katze aussahen. Die Wilde Brombeere wächst als stacheliger Strauch; sie klettert mithilfe ihrer zahlreichen Stachel – die zugleich als Fraßschutz dienen – bis zu 3 Meter hoch. Sie besitzt stark gefiederte Blätter, die im Winter nicht abgeworfen werden. Ihre weißen bis rosafarbenen Blüten erscheinen zwischen Juni und September. Daraus entwickeln sich im August die anfangs noch sauren schwarzen Früchte, die mit zunehmender Reife immer süßer werden.

Die Wilde Brombeere kann jedoch nicht nur mit ihren köstlichen Früchten punkten, sondern macht auch Staat mit ihren schmackhaften Blättern. Als pfiffiges Sommerfruchtgetränk zeigt sie sich zudem richtig hip.

STANDORT

Die Brombeere liebt kalk- und stickstoffreiche Böden, sonnige bis halbschattige Lagen, lichte Wälder oder deren Ränder.

HEILWIRKUNG

Bedingt durch die vielen Wirkstoffe kann die Brombeere gute Hilfestellung leisten bei allerlei Zipperlein. Mit ihren Gerbstoffen, Flavonoiden, Anthocyanen, verschiedenen Säuren – wie der Salicylsäure –, ihrem ätherischen Öl und vor allem mit dem hohen Vitamin C-Anteil wirkt die Wehrhafte blutreinigend, blutstillend, adstringierend, antibakteriell und harntreibend. Die Blätter sind aufgrund ihrer schleimlösenden Eigenschaften als Tee hilfreich bei Atemwegserkrankungen.

VERWENDUNG IN DER KÜCHE

In coolen Drinks, in Süßspeisen, als traditionelle Marmelade, als besondere Beilage zu Wild, Fleisch und Geflügel.

SAMMELZEIT

Blätter: April bis September;
Früchte: Juli bis September.

Drinks mit Wilder Brombeere

SANFT & ALKOHOLFREI – EISKALT & HOCHPROZENTIG

ZUTATEN

Für ca. 4 Flaschen fruchtig-sanften Sirup

- 2 Handvoll frische Brombeer-Blätter
- 1 l Wasser
- 1 kg Zucker

Für 4 hochprozentige Drinks

- 2 Limetten
- 160 brauner Rohrzucker
- 40 Brombeeren
- Crushed Ice
- 200 ml Rum oder Zuckerrohrschnaps
- 0,8 cl Brombeer-Sirup

DEN SIRUP ZUBEREITEN

Das Wasser fast zum Kochen bringen, den Topf vom Herd nehmen. Die Brombeer-Blätter bei Bedarf putzen und gut 20 Minuten in dem Wasser ziehen lassen. Durch ein Sieb gießen, dabei das aromatisierte Wasser auffangen.

Den Zucker zufügen und so lange rühren, bis er sich aufgelöst hat.

Den Brombeer-Sirup in Flaschen abfüllen, diese fest verschließen und dunkel lagern. Ungeöffnet hält er sich so etliche Wochen.

Mit Mineralwasser verdünnt, ergibt das eine feine Limonade. Wer es leicht bitter mag, greift stattdessen zu Tonic Wasser. Köstlich schmeckt des Weiteren ein Schuss Sirup im Sekt.

DIE HOCHPROZENTIGE CAIPIRINHA-VARIANTE

Pro Drink ½ Limette achteln und mit 40 Gramm Rohrzucker in ein Caipi-Glas geben; mit einem Stößel zerdrücken. 10 Wilde Brombeeren zugeben.

Das Glas bis zum Rand mit Crushed Ice auffüllen.

Den Rum zugießen sowie einen Schuss Brombeer-Sirup – vorsichtig umrühren, einen Strohhalm ergänzen. Geschmack pur!

Brombeer-Ketchup

ZUTATEN

Für ca. 700 ml

- 800 g Wilde Brombeeren
- ca. 6 ganze Nelken
- 3 Pimentkörner
- 1 ca. daumendickes Stück frischen Ingwers
- 1 TL grüner Pfeffer aus dem Glas
- 200 ml Weinessig
- 300 g Zucker
- ½ TL Zimt
- 1 Lorbeerblatt
- 1 TL Salz
- 2 cl Cognac

So viele Nelken im Mörser fein zermahlen, dass das Pulver ½ Teelöffel ergibt; die Pimentkörner ebenfalls fein mahlen. Den Ingwer von der Schale befreien, reiben; wir benötigen 1 Esslöffel. Den grünen Pfeffer abtropfen lassen und im Mörser gut zerdrücken.

Den Weinessig in einen Kochtopf gießen, die gewaschenen Brombeeren hineingeben sowie sämtliche übrigen Zutaten, bis auf den Cognac. Bei geringer Hitze gut 2 Stunden köcheln lassen, dabei aufpassen, dass nichts anbrennt. Die Flüssigkeit wird so auf gut die Hälfte reduziert.

Ganz zum Schluss den Cognac unterrühren.

Den Ketchup in nicht zu große, luftdicht schließende Vorratsgläser abfüllen. Ungeöffnet hält er sich mehrere Monate lang.

Brombeer-Chutney

Die Brombeeren waschen. Öl in einem Kochtopf erhitzen und die Zwiebeln darin glasig dünsten. Die Brombeeren, den Zucker und die Rosinen zugeben, unter Rühren kurz andünsten, mit dem Essig und dem Ahornsirup ablöschen. Auf ungefähr die Hälfte einkochen lassen, dann salzen und pfeffern.

In sterile Vorratsgläser abfüllen, diese luftdicht verschließen.

Das würzig-süße Brombeer-Chutney schmeckt hervorragend zu Wild und anderem Fleisch sowie herrlich zu Käse.

Chutneys halten sich in luftdicht schließenden Gläsern ungeöffnet 4 bis 6 Monate – was der Vorratshaltung sehr zugute kommt!

ZUTATEN

Für 500 ml

- 500 g Wilde Brombeeren
- 1 EL Öl
- 200 g fein gewürfelte Zwiebeln
- 125 g Zucker
- 200 g Rosinen
- 50 ml Balsamico-Essig
- 100 ml Ahornsirup
- 1 TL Salz
- frisch gemahlener schwarzer Pfeffer

Brombeer-Orangen-Relish

Brombeeren waschen und abtropfen lassen. Orangen schälen und sorgfältig die weiße Haut sowie die Kerne entfernen. Die Orangen im Mixer in kurzen Intervallen so lange zerkleinern, bis ein sehr grobes Mus – kein homogen-flüssiges Püree! – entstanden ist.

Orangenmus, Brombeeren und Zucker in eine Kasserolle geben und bei kleiner Hitze unter Rühren 30 Minuten köcheln lassen.

In saubere Vorratsgläser füllen, luftdicht verschließen.

Dieses wunderbar aromatische Relish gibt vielen Fleischgerichten die besondere Note!

ZUTATEN

- 450 g Wilde Brombeeren
- 2 mittelgr. Orangen
- 300 g Zucker

Chutney, Relish, Ketchup – Historie & Warenkunde

Diese drei fruchtig-würzigen Beigaben, die (fast) jedes Gericht aufpeppen, haben ihren Ursprung in Indien und sind in der Kolonialzeit von dort über England zu uns gelangt. »East India« war zu dieser Zeit allerdings die Bezeichnung für Süd(ost)asien allgemein.

DAS CHUTNEY

Namensgeber für diese Köstlichkeit war das Hindi-Wort catni. Das »Mus« besteht immer aus pürierten oder wie Marmelade gekochten Früchten und schmeckt in seinen milden Varianten fast wie ein Kompott. Je nach Zugabe von Gewürzen (wie Koriander, Knoblauch, Chili, Kreuzkümmel, Ingwer et cetera) und auch von Essig oder Zitronensaft werden pikante bis kräftig-scharfe Geschmacksrichtungen erzielt. Chutneys passen gut zu gebratenem und gekochtem Fleisch, kaltem Braten, Wild, zum Fondue und sogar zu Käse.

DAS RELISH

Hier handelt es sich um eine Würzsauce – so die englische Bedeutung – aus fein gehackten, leicht gebundenen, gekochten Gemüsen und Früchten. Meistens mit der Note süß-sauer (durch Zucker und Essig), aber durchaus auch mal scharf (durch die Zugabe von Chilis). Ein Relish passt, wie das Chutney, zu fast allen Fleischgerichten, besonders zu Gegrilltem.

DAS KETCHUP

Das Wort kommt aus dem Englischen; »to catch up« bedeutet so viel wie auffangen und genau darum geht es: Es sollen alle Aromen so lange auf- oder besser eingefangen werden, bis die Würzsauce dann schließlich zum Einsatz kommt, dem Genuss dient. Mit dem uns bekannten Tomatenketchup hat das ursprüngliche Ketchup wenig gemein. Die Grundlage bildeten oft Zwiebeln, als Würzkraut nahm man Lorbeer. Ansonsten war der Experimentierfreude kaum Grenzen gesetzt: Mit den verschiedensten Gewürzen und auch Senf, Sardellen- oder anderen Fischpasten, Paprika und sogar Ingwer und Knoblauch variierte man nach Geschmack.

VARIATIONEN VON BROMBEEREN: CHUTNEY, RELISH UND KETCHUP

Wilde Mirabelle

Prunus cerasifera

DIE VIELFARBIGE

Die Wilde Mirabelle ist eigentlich eine Wilde Pflaume, wie die Gattungsbezeichnung »Prunus« erkennen lässt. Die Frucht »firmiert« hauptsächlich unter dem Namen Kirschpflaume. Regional nennt man sie aber auch Pflaumenschlehe oder Türkenkirsche, in der pfälzischen Mundart heißt sie Därgelkirsche, in der sächsisch-ländlichen Sterninkel. Und so viele Namen, wie sie trägt, so viele Farben »durchläuft« sie im Zuge der Reifung. Eindeutig ist hingegen: Es handelt sich um eine überaus köstliche Steinfrucht.

Ihre ursprüngliche Heimat liegt in Asien, wahrscheinlich hat Alexander der Große sie auf seinen Kriegszügen mit nach Europa gebracht.

Die Wilde Mirabelle blüht zeitig im Jahr – eine willkommene und wichtige Nahrungsquelle für die frühen Insekten! Die kurz nach der Blüte erscheinenden, verkehrt eiförmigen Laubblätter sind fein gekerbt, auf der Oberseite glänzend dunkelgrün und auf der Unterseite matt und hell.

Die Frucht reift von Juli bis September, besitzt einen kleinen runden Kern, der sich gut vom Fruchtfleisch lösen lässt. Zunächst gelb, hart und sauer, wird sie später orange bis hellrot und wunderbar süß; zum Schluss ist sie bläulich-dunkelrot und überreif, dann schmeckt sie oft mehlig.

Wenn die Erntezeit naht, sieht man an den Sträuchern – die auch Baumhöhe erreichen können – vor lauter Früchten keine Blätter mehr, sondern nur noch gelbe, orange oder rotblaue Wolken: Eine überschwängliche Farbenpracht lacht uns da an.

Diesen Fruchtreichtum haben sich die Franzosen zunutze gemacht. In der Region Lothringen wurde die Mirabelle kultiviert unter dem Namen »Reine de Lorraine, die Königin von Lothringen. Aus der wilden wurde eine gezähmte Frucht mit durchschlagendem Erfolg. Hier werden jährlich 18 000 Tonnen Mirabellen geerntet, das sind 80 Prozent der Weltförderung. Der Siegeszug der Reine de Lorraine ist beeindruckend, sie besitzt sogar eine EU-weit geschützte Herkunftsbezeichnung – welche wilde Frucht kann das schon vorweisen?!

STANDORT

Die Wilde Mirabelle finden wir an Straßen-, Weg- und Waldrändern sowie an Bächen. Sie ist sehr genügsam und freut sich über jedes freie Plätzchen.

HEILWIRKUNG

Die Wilde Mirabelle besitzt durch den Anteil Anthocyane eine leicht antibakterielle Wirkung; die Gerbstoffe in der frühen Fruchtphase wirken zudem adstringierend. Ansonsten glänzt sie durch einen hohen Genussfaktor, weniger durch nennenswerte Heilkräfte.

VERWENDUNG IN DER KÜCHE

Wir setzen die Wilde Mirabelle hauptsächlich ein in der süßen Küche, und zwar bei Marmeladen, Chutneys, Kuchen und Knödel.

SAMMELZEIT

Von Juli bis September kann man die Früchte ernten – und das freche Kernespucken üben …

Tarte von Wilder Mirabelle

ZUTATEN

Für 6 Portionen

- 500 g Wilde Mirabellen
- 50 g Butter
- 50 g Puderzucker
- 100 g geriebene Mandeln
- 250 g Blätterteig (in Platten)

Die Mirabellen putzen, halbieren und entsteinen.

Eine Tarteform (28 Zentimeter Durchmesser) zunächst mit Butter einstreichen, dann gleichmäßig Puderzucker darübersieben.

Die Mirabellen mit der Hautseite nach unten so dicht nebeneinander setzen, dass sie auf dem Boden der Form eine geschlossene Fläche bilden. Und jetzt der Trick: Die Tarteform für circa 3 Minuten auf eine heiße Herdplatte stellen, sodass der Puderzucker leicht karamellisiert. Beiseite stellen und abkühlen lassen. Die geriebenen Mandeln über die Mirabellen streuen.

Die Blätterteigplatten auf einer bemehlten Fläche übereinanderlegen und gemeinsam zu einer dünnen Platte ausrollen, etwa von der Größe der Tarteform. Den Teig vorsichtig über die Mirabellen legen, Überstehendes nach innen (in die Form hinein) einschlagen. Mit einer Gabel mehrmals in den Teig stechen, damit er sich beim Backen nicht hochwölbt.

Im vorgeheizten Backofen bei 220 °C für 20 bis 25 Minuten backen, aus dem Ofen nehmen, etwas abkühlen lassen. Eine Kuchenplatte (oder einen Pizzateller) auf die Backform legen und dann die Tarte umstürzen.

Mirabellen-Knödel

ZUTATEN

Für 10 bis 15 Stück

Für den Teig

- 400 g mehlig kochende Kartoffeln
- 125 g Mehl
- 25 Butter
- 1 Eigelb
- 1 Prise Salz

Für die Füllung

- 500 g Wilde Mirabellen
- 80 g Semmelbrösel
- 80 g Butter

Die Kartoffeln werden bereits am Vortag gekocht.

Die Kartoffeln fein zerdrücken und mit dem Mehl, der zerlassenen Butter, dem Eigelb und etwas Salz zu einem nicht zu festen Teig verarbeiten.

Leicht gesalzenes Wasser in einem großen Topf aufkochen, einen »Probeknödel« formen, diesen vorsichtig ins Wasser gleiten lassen und für etwa 6 Minuten simmern lassen, herausschöpfen. Wenn der Knödel zu weich ist, etwas mehr Mehl zum Teig geben, ist er zu fest, etwas Butter nachträglich hineinkneten.

Die Mirabellen waschen und entsteinen; insgesamt 10 bis 15 der entsteinten Früchte beiseitelegen.

Nach und nach mit den Händen aus dem Teig Knödel formen, in deren Mitte 1 oder auch 2 Mirabellen – je nach Größe – hineindrücken und die Vertiefung mit Teig verschließen. Einige Knödel ins kochende Salzwasser gleiten lassen, Deckel auf den Topf legen; ein Spalt bleibt dabei offen, damit es nicht überkocht. In 5 bis 8 Minuten sind die Köstlichkeiten gar. Achtung: Portionsweise garen, sonst kleben sie zusammen! Nach der Garzeit die Knödel jeweils aus dem Wasser schöpfen, kurz abtropfen lassen und warm stellen, bis alle fertig sind.

Die Semmelbrösel in der Butter anrösten und über die Knödel gießen. Die beiseitegelegten Mirabellen in der noch heißen Pfanne kurz schwenken und als süße Beilage zu den Knödeln geben.

MIRABELLEN-KNÖDEL

Gemeine Wegwarte

Cichorium intybus

DIE SONNENANBETERIN

Beschreibungen dieser eigenwilligen, sehr aparten Pflanze finden wir schon in ägyptischen Papyrusschriften aus dem 3.Jahtauscnd vor Christus So lange dreht und wendet sie nachweislich ihre Blüten immer der Sonne entgegen. Es sind auffällige Schönheiten von leuchtendem Himmelblau, die sich aus am Ende geriffelten Zungenblüten zusammensetzen und an bis zu 140 Zentimeter langen Stängeln sitzen. Dabei haben die Blüten nur einen Tag, einen kurzen Vormittag lang Zeit, ihr wunderschönes Kleid zu präsentieren. Danach ist die Pracht vorbei.

Um die Wegwarte ranken sich so viele Geschichten und Mythen wie um kaum eine andere Wildpflanze. Gemäß ihres Namens scheint die Schöne wartend am Wegesrand zu stehen – vielleicht auf den Kräuterkundler, der sie wieder erweckt zu altem Ruhm als uralte Heilpflanze? Denn schon Berühmtheiten wie Dioscurides (griechischer Arzt der Antike) und Hildegard von Bingen (mittelalterliche Heilige und Wegweiserin) nutzten die gesundheitsfördernde Kraft der Wegwarte. Als »Blaue Blume der Romantik« (Novalis) kam sie zwischenzeitlich im 18. Jahrhundert wieder zu Ehren – eine kleine Entschädigung wenigstens fürs lange Warten ...

Jenseits solcher Romantik ist die Gemeine Wegwarte auch als Wilde Zichorie bekannt. Ihre Blüten, Blätter und Wurzeln kamen vielfältig zum Einsatz, auch ganz profan in der Küche: Die »Kaffeewurzel« wurde in früheren Jahrhunderten getrocknet und zermahlen zu Zichorienkaffee, in der Nachkriegszeit bekannt als Ersatzkaffee oder »Muckefuck«.

Die kultivierte Schwester dieser vielseitigen Pflanze – die bleichen oberirdischen Blätter der Wurzel – schätzen wir heute als Salatzichorie, besser bekannt als Chicoree.

STANDORT

Hauptsächlich an Wegrändern, entlang Straßen, Weiden und Äckern.

HEILWIRKUNG

Als eine der ganz wenigen Wildpflanzen besitzt die Wegwarte eine positive Heilwirkung auf die Milz. Die Ärzte 400 Jahre vor Christus sahen fälschlicherweise die Milz als Produzentin der mit der Schwermut assoziierten »schwarzen Galle« (einer der vier »Kardinalsäfte«). Und setzten dagegen – wie die Ärzte im Mittelalter – die Inhaltsstoffe der Wegwarte ein. Bitterstoffe, Gerbsäure, Kalium und Inulin lindern noch heute Galle-, Leber- und Magenbeschwerden. Auch die Blase und der Darm fühlen sich nach der Einnahme von Wegwarte-Produkten wohl.

VERWENDUNG IN DER KÜCHE

Die Blüten als Honigprodukt, die Blätter als Gemüse, die Wurzel variantenreich als Beilage.

SAMMELZEIT

Die Blüte mit Kraut: Juli bis Oktober; die Wurzel: September bis Frostbeginn.

REHRÜCKEN MIT WEGWARTE-KAFFEE-KRUSTE UND KARTOFFELSTAMPF

Rehrücken mit Wegwarte-Kaffee-Kruste und Kartoffelstampf

Die frisch ausgestochenen Wegwarte-Wurzeln zu Hause waschen und die Rinde abschälen. In kleine Stücke von circa 1 Zentimeter Länge schneiden. Die Wurzelstücke in einer heißen Pfanne mit etwas Butter schön braun rösten, danach im Mörser fein zerreiben und in eine Schüssel geben.

Die Kaffeebohnen (»stilechter« wäre es natürlich mit Ersatzkaffee aus der Zichorie …) und den schwarzen Pfeffer ebenfalls im Mörser fein zerreiben. Dies mitsamt der Prise Kardamom zur geriebenen Wegwarte-Wurzel geben, die 2 Esslöffel Leinöl ergänzen und nun sämtliche Krusten-Zutaten gut miteinander vermischen.

Den Backofen auf 200 °C vorheizen, bei Erreichen der Temperatur runterschalten auf 150 °C.

Den Rehrücken in einer heißen Pfanne mit ganz wenig Öl von allen Seiten rundherum anbraten, herausnehmen und auf ein Bratenblech legen.

Danach im selben Bratenfett die 4 Speckscheiben kurz andünsten, herausnehmen und beiseite stellen. Pfanne samt Inhalt kommen später noch zum Einsatz, also nichts wegschütten.

Den Rehrücken mit der Krustenmasse bedecken, in den Backofen schieben und für 1 Stunde backen. Herausnehmen und 15 Minuten ruhen lassen. Im Anschluss in vier gleich große Stücke schneiden, diese warm stellen.

Während der Backzeit sowohl die Kartoffeln als auch die Bohnen zubereiten:

Dazu die Kartoffeln zunächst schälen und in Salzwasser circa 20 Minuten gar kochen, abgießen und abdampfen lassen. Zerstampfen oder durch eine Kartoffelpresse drücken, die 50 Gramm Butter und den Sahnejoghurt sorgfältig unterheben, salzen, pfeffern und mit der Prise Kreuzkümmel würzen.

Die grünen Bohnen zeitlich parallel in kochendem Salzwasser bissfest kochen (das dauert circa 15 Minuten), in ein Sieb geben, abtropfen lassen. Die Bohnen zu 4 Bündeln ordnen, diese mit je 1 Speckscheibe umwickeln und warm stellen.

Die Pfanne mit dem Bratenfett nochmals kurz auf die heiße Herdplatte stellen, etwas Butter dazugeben, mit dem Cognac ablöschen, verrühren und den Sud abschmecken.

Die Stücke vom Rehrücken, die Bohnenpäckchen und den Kartoffelstampf auf vorgewärmten Tellern hübsch anrichten, mit Bratensud beträufeln und mit den Wegwarte-Blüten dekorieren.

ZUTATEN

- 3 Wegwarte-Wurzeln
- 12 Wegwarte-Blüten
- 3 EL Kaffeebohnen
- 1 TL schwarze Pfefferkörner
- 1 Prise Kardamom
- 2 EL Leinöl
- 600 g sauber parierter Rehrücken
- Leinöl zum Anbraten
- 4 Scheiben Tiroler Bauernspeck
- 600 g mehlig kochende Kartoffeln
- 50 g Butter
- 100 g Sahnejoghurt
- Salz, Pfeffer
- 1 Prise Kreuzkümmel
- 500 g feine grüne Bohnen
- 30 g Butter
- 2 cl Cognac

Herb-süßer Sommersalat mit Wegwarte

EIN GRUSS VOM WEGESRAND – SEHR LECKER UND GESUND!

ZUTATEN

- 2 Handvoll Wegwarte-Blätter
- 15 Wegwarte-Blüten
- 2 EL Honig
- 1 Handvoll kl. Löwenzahn-Blätter
- 150 g Kultursalat
- 10 Kirschtomaten
- 10 Walnüsse
- 2 Eier (Gew.-Kl. M)
- Salz, Pfeffer
- 1 EL weißer Balsamico-Essig
- 3 EL Leinöl

Die Wegwarte-Blätter waschen, in feine Streifen schneiden und in kochendem Salzwasser für 15 Minuten blanchieren, danach abkühlen lassen. Diese Vorarbeit ist notwendig, um die sonst allzu vorschmeckenden Bitterstoffe abzumildern.

In einem Mörser die Blüten der Wegwarte grob zerstoßen und mit dem Honig vermischen.

Die Löwenzahn-Blätter waschen und ebenfalls fein schneiden.

Und auch der Kultursalat wird gewaschen und trocken geschleudert.

Nach dem Waschen werden die Kirschtomaten halbiert.

Die Walnüsse hacken und in einer Pfanne trocken rösten.

Die Eier fest kochen, in Eigelb und Eiweiß trennen, Letzteres klein hacken.

Für das Dressing zunächst den Essig mit dem Blütenhonig verrühren, und zwar kräftig mit dem Schneebesen unterschlagen. Eigelb hineinbröseln und alles homogen verrühren. Nach Geschmack pfeffern und salzen. Danach das Öl langsam zufließen lassen und dabei sorgfältig unterschlagen.

In einer großen Salatschüssel die Wegwarte- und die Löwenzahn-Blätter, den Kultursalat und die Kirschtomaten miteinander mischen.

Das Dressing vorsichtig unterheben und zum Schluss die gerösteten Walnusskerne und das klein gehackte Eiweiß über den Salat streuen.

Dazu passt wunderbar ein frisches selbst gebackenes Brot.

Wegwarte-Honig

ZUTATEN

- 1 Handvoll frische Wegwarte-Blüten
- 1 EL unraffinierter Rohrzucker
- 2 EL feiner Blütenhonig

Die Wegwarte-Blüten gut ausschütteln – aber nicht waschen! – und klein zupfen, am besten gleich in einen Mörser hinein.

Die Blüten zerstampfen und mit dem Zucker und dem Honig verrühren.

In ein Gläschen mit Deckel umfüllen und dieses verschlossen für einige Tage an einen sonnig-warmen Ort stellen.

Je nach Sonneneinstrahlung erhält man so binnen weniger Tage einen köstlichen Blütenhonig.

Der Wegwarte-Honig ist appetitanregend und etwas ganz Besonderes – nicht nur für Kinder!

Wegwarte-Gemüsesuppe

Die Wegwarte-Blätter in kochendem Salzwasser 10 Minuten weich köcheln lassen.

In der Zwischenzeit das halbe Brötchen in Würfel schneiden.

Die Wildpflanzen in ein Sieb abgießen, abtropfen lassen und grob hacken.

In einer Pfanne 50 Gramm Butter zerlassen und darin die Wegwarte-Blätter kurz dünsten.

Die Gemüsebrühe in einem Kochtopf erhitzen, die gedünsteten Blätter hineingeben und einige Minuten mitköcheln lassen. Mit Salz, Pfeffer und Muskat abschmecken.

Parallel dazu in der Pfanne die restlichen 50 Gramm Butter erhitzen und darin die Brötchenwürfel anrösten.

Ganz zum Schluss die Eigelbe in die Gemüsesuppe – die dabei nicht mehr köcheln darf! – einlaufen lassen und gut verrühren.

Vor dem Servieren die gerösteten Semmelwürfel drüberstreuen.

ZUTATEN

- 2 Handvoll frische Wegwarte-Blätter
- ½ Brötchen
- 100 g Butter
- ½ l Gemüsebrühe (selbst gekocht oder aus dem Glas)
- Salz
- frisch gemahlener Pfeffer
- frisch geriebene Muskatnuss
- 2 Eigelb

Wegwarte-Kräuter-Pfannkuchen

Die Wildpflanzen-Blätter waschen, trocken tupfen und in feine Streifen schneiden.

In einer Schüssel die Milch mit dem Mehl und dem Ei klumpenfrei verrühren.

Die Wildkräuter unterheben.

Den Teig salzen und den geriebenen Bergkäse unterheben.

Eine Pfanne erhitzen, etwas Öl zugießen und nacheinander zwei Pfannkuchen beidseitig goldgelb ausbacken.

Mit einem knackig-frischen Salat als Beilage ist dies ein wunderbar leichtes (vegetarisches) Sommergericht.

ZUTATEN

Für 2 Pfannkuchen

- 1 Handvoll frische Wegwarte-Blätter
- ½ Handvoll Sauerampfer-Blätter
- 100 ml Milch
- 30 g Dinkelvollkornmehl
- 1 Ei (Gew.-Kl. M)
- 1 Prise Salz
- 2 EL geriebener Bergkäse
- Öl zum Ausbacken

Blutwurz

Potentilla tormentilla

DIE ZARTE KLEINE MIT DER MÄCHTIGEN WURZEL

Schon der Name ist martialisch-mächtig. Dabei wirkt sie äußerlich so zart und duftig. Kleine knallgelbe vierblättrige Blüten sitzen zusammen in einem niedrig-lockeren Verbund zwischen fiedrigen Blättern und strecken sich gerne der Sonne entgegen.

Vermutlich hat die hervorstechend gelbe Farbe unsere Ahnen angelockt und dazu animiert, mal genauer nachzusehen – die enorme Heilwirkung der Wurzel war jedenfalls schon im Mittelalter bestens bekannt. Auch wir verwenden in der Küche nur den unterirdischen Teil der Blutwurz, der uns weniger wegen seines köstlichen Geschmacks anspricht, sondern vielmehr durch die vielen guten Inhaltsstoffe überzeugt: Mit einem »Blutwurz-Schnäpsle« als Digestif nach dem Essen tut man sich beispielsweise eindeutig etwas Gutes.

Aus alten Familienerzählungen weiß ich, dass die Blutwurz bitter und scheußlich geschmeckt haben muss, allen schüttelt es noch heute beim bloßen Erzählen davon. Doch meine Großmutter schwor auf deren Wirkung. Dass es auch weitaus schmackhafter geht, zeigen die folgenden Rezepte: Alles eine Sache der Zubereitung nämlich!

STANDORT

Die Blutwurz liebt feuchte, fast nasse Böden. Wiesen, Waldränder, Moore – aber bitte mit (etwas) Sonne!

HEILWIRKUNG

Die reichhaltige Tormentillsäure wirkt adstringierend, hilft – innerlich angewendet – bei der Blutstillung, gegen Entzündungen und Wundfieber, gegen Durchfall und Krämpfe. Die Gerbstoffanteile helfen – äußerlich angewendet – in Form von Mund- und Gurgelwasser gegen lockere Zähne, Zahnfleisch- und Mundschleimhautentzündungen sowie gegen Entzündungen im Allgemeinen. Blutwurz hat zudem den Ruf, den Blutzuckerspiegel zu senken, und kann therapeutisch auch bei Diabetes eingesetzt werden. Es gibt eine hervorragende Tinktur von der Blutwurz, deren hoher gesundheitlicher Aspekt gar nicht genug hervorgehoben werden kann.

VERWENDUNG IN DER KÜCHE

Als Digestif (Schnäpsle oder Likör) und als Saucenzugabe.

SAMMELZEIT

Im Frühjahr und im Herbst ist die beste Zeit, um Teile der Wurzel auszugraben. Wichtig dabei: immer nur ein Stück abzustechen, damit die Pflanze weiterwachsen kann. Das Wurzelstück wirkt wie ein dicker Daumen, außen schwarz-braun, im Innern blutrot. Daher auch ihr Name.

Blutwurz-Schnäpsle

DIE SANFTE SÜSSE ÜBERZEUGT AUCH SKEPTIKER!

ZUTATEN

- 100 g Blutwurz-Wurzel
- 2 Handvoll brauner Kandiszucker
- 1 l hochprozentiger guter Korn

Die Blutwurz-Wurzel waschen und in circa 0,5 Zentimeter dicke Stücke schneiden. Zusammen mit dem Kandiszucker in ein großes, dicht schließendes Einmachglas geben und mit Korn auffüllen. Diese Mischung ungeöffnet für 2 bis 3 Wochen ziehen lassen, dabei das Glas regelmäßig sanft schütteln.

Anschließend den Glasinhalt in ein Passiertuch schütten, die Flüssigkeit auffangen und in saubere, verschließbare Flaschen abfüllen.

Trocken gelagert hält sich dieser ausgesprochen gesunde Schnaps/Likör mindestens ein Jahr – bis zur neuen Ernte.

Wohl bekomm's!

Blutwurz-Sauce

ZUTATEN

- 0,8 ml Blutwurz-Schnaps (siehe oben)
- 500 ml Gemüse- oder Fleischbrühe
- 10 Wacholderbeeren
- 10 schwarze Pfefferkörner
- 1 EL Tomatenmark
- 100 g Crème fraîche
- 1 Scheibe dunkles Brot
- Salz, Pfeffer

Die Brühe erhitzen. Wacholderbeeren und Pfefferkörner im Mörser sehr fein zerdrücken und in die Brühe geben, köcheln lassen.

Tomatenmark und Crème fraîche hineingeben, gut verrühren.

Anschließend den Blutwurz-Schnaps zugießen.

Wem die Sauce zu flüssig erscheint, bröselt zum Binden die Scheibe Brot ganz fein hinein.

Gewürzt wird nach Geschmack.

Diese Sauce passt hervorragend zu Kohlgerichten im Herbst und im Winter.

Blutwurz-Tinktur

ZUTATEN

- 100 g Blutwurz-Wurzel
- ½ l Alkohol (60 %)

Die Wurzel säubern und in Stücke schneiden. Mit dem Alkohol in eine verschließbare saubere Flasche füllen und für 10 Tage warm stellen.

Danach absieben und in eine zweite, ebenfalls sorgfältig gereinigte und verschließbare Flasche umfüllen; trocken lagern.

Bei Beschwerden (siehe Abschnitt »Heilwirkung«!) 3- bis 4-mal täglich 10 bis 15 Tropfen einnehmen. Man spürt eine deutliche Linderung.

BLUTWURZ-SCHNÄPSLE

Schwarzer Holunder

Sambucus nigra

DER BLAUSCHWARZE (HAUS-)SEGEN

Der Schwarze Holunder – auch Holder oder Holler und in Norddeutschland sogar Wilder Flieder genannt – ist geschichtlich gesehen ein Tausendsassa. Und das schon zu prähistorischen Zeiten: Davon zeugen Samenfunde aus Steinzeitsiedlungen der Schweiz und aus oberitalienischen Siedlungen der Bronzezeit, wo man fündig wurde in versteinerten Speiseresten.

Unsere Vorfahren, ob nun Hippokrates, Dioscurides oder Hildegard von Bingen, schätzten die Heilkraft des Holunders, wussten aber im Gegensatz zu uns noch nicht, warum dessen Genuss so gut tat. Die Damen der römischen Aristokratie empfanden es als besonderes Gut, dass neben den pflegenden Stoffen der Saft der Beeren ihren Haaren zu einem tiefschwarzen Ton verhalf – Haarkosmetik der Antike.

Im Volksglauben gilt der Holunder als Sitz der guten, beschützenden Hausgeister, als Abwehrmittel gegen böse Magie und Schutz vor Feuer und Blitzeinschlag – kein Wunder, dass man vor ihm im Vorbeigehen den Hut zog.

Der »heilige Baum« – der in Wahrheit ein bis zu 12 Meter hoher Strauch ist – hat seine Attraktivität bis heute nicht verloren. Im Frühjahr beglückt er uns mit seinen weißen Blüten und seinen hervorragenden Küchen- und Gesundheitseigenschaften, im Herbst verwöhnt er uns mit dem »blauen Segen« seiner Beeren. Diese enthalten eine so hohe Menge an Vitamin C und Vitamin B1, dass man sie als wahre »Gesundbomben« bezeichnen kann.

STANDORT

Der Schwarze Holunder wächst gerne an feuchten, steinigen Stellen, ist an Schluchten, an Flüssen, an Waldhängen zu Hause, oft auch in unseren Gärten, wohin er sich mithilfe der Vögel selbst ausgewildert hat.

HEILWIRKUNG

Durch die hohen Anteile von Vitamin A, C und B1 stärkt der Verzehr das gesamte Immunsystem. Vitamin J (ein erst kürzlich entdecktes Bioflavonoid) soll zudem heilend wirken bei Lungenerkrankungen.

Wichtig: Niemals die Beeren roh essen! Sie können Erbrechen, Magen- und Darmprobleme auslösen. Abgekocht hingegen sind sie unvergleichlich köstlich und gesund.

VERWENDUNG IN DER KÜCHE

Aus den Beeren lassen sich warme und kalte Süßspeisen, raffinierte Saucen zu Wild und anderem Fleisch sowie Säfte zubereiten.

SAMMELZEIT

Die Blüten Juni bis Juli; die Beeren September bis Oktober.

Pontac(k)'s Holunder-Beeren-Sauce

DER LEGENDÄRE KLASSIKER DES EINSTIGEN LONDONER RESTAURANTS

ZUTATEN

- 500 g Holunder-Beeren
- ½ l feinherber Rotwein oder Rotweinessig
- 1 Msp. gemahlene Muskatblüte (Macis)
- 1 TL Meersalz
- 40 schwarze Pfefferkörner
- 15 Gewürznelken
- 8 Pimentkörner
- 15 g frischer, sehr fein gehackter Ingwer
- 1 fein gehackte Zwiebel

Gewaschene, abgerebelte Holunder-Beeren in einen Kochtopf geben, mit dem Wein oder dem Weinessig (je nach Geschmacksvorliebe!) übergießen. Bei niedriger Temperatur (circa 50 °C) insgesamt 12 Stunden auf dem Herd ziehen lassen; zwischendurch die Beeren mit einem Kartoffelstampfer im Topf zerdrücken.

Nach dieser Zeit werden die Schalen entfernt: Dazu die Flüssigkeit durch ein Sieb in eine zweite Kasserolle abgießen. Die Gewürze, die Zwiebel- und die Ingwerwürfel zufügen und alles 15 Minuten lang aufkochen lassen.

Die heiße Sauce mitsamt festen Bestandteilen in dicht schließende Flaschen abfüllen – und nach englischer Überlieferung für 7 Jahre ruhen lassen ...

Die Sauce schmeckt selbstredend bereits nach 7 Wochen! Und zwar besonders vorzüglich zu Wild, aber auch zu anderem Fleisch.

Holunder-Beeren-Dessert

ZUTATEN

- 600 g Holunder-Beeren
- ¼ l Rotwein, feinherb
- 150 g Zucker
- 1 Stange Zimt
- 5 Nelken
- abgeriebene Schale von 1 unbehandelten Zitrone
- Saft von ½ Zitrone
- 3 Blatt Gelatine
- 200 g Sahne
- etwas (Vanillin-)Zucker

Die abgerebelten Holunder-Beeren mit dem Wein, dem Zucker, den Gewürzen, der abgeriebenen Zitronenschale sowie dem Zitronensaft kurz aufkochen lassen. Den Sud durch ein Sieb in eine zweite Kasserolle gießen, die Zimtstange entfernen, die Beeren durch das Sieb streichen.

50 Milliliter von dem flüssigen Mus abnehmen und auf die Seite stellen.

Dem restlichen Sud die entsprechend vorbereitete Gelatine zufügen, erneut aufkochen. In eine große oder mehrere kleine Schalen füllen und kalt stellen.

Kurz vor dem Servieren die leicht gesüßte Sahne steif schlagen und auf oder um den Holunder-Pudding herum garnieren. Das beiseite gestellte Holunder-Mus über die Sahne laufen lassen.

HOLUNDER-BEEREN-DESSERT

Wilde Heidelbeere

Vaccinium myrtillus

KEINE IST SO »BLAUBLÜTIG« WIE SIE

»In die Blaubeeren gehen« – diese alte Redensart verspricht auch heute noch einen sehr besonderen Ausflug: Gemeinsam mit Freunden oder der Familie an einem warmen Spätsommertag hinausziehen in den lichten Wald, über Teppiche aus weichem Moos laufen, von würzig duftenden Kiefern beschattet, und die blauschwarzen Beeren von den zehn bis 60 Zentimeter hohen Sträuchern absammeln. Genuss und Gesundheit pur!

Besonders die Wildform der Heidelbeere steckt voller gesunder Inhaltsstoffe. Die Anthocyane – die dunklen Farbpigmente – schützen die menschlichen Zellen vor aggressiven Molekülen. Die durch und durch »Blaublütige« offeriert zudem reichlich Vitamin C, E, Mangan und Ballaststoffe. Und ob roh oder gekocht – sie schmeckt gleichermaßen gut.

Schon die Römer wussten die kleinen blauen Vitaminbomben vielfältig einzusetzen. Bei ihren opulenten Gelagen waren die Beeren allein schon ihrer Farbe wegen der Hingucker; von den gar angenehmen »Stärkungsergebnissen« ganz zu schweigen …

Wer heutzutage der blauen Beere verfallen ist, der sollte einen Ausflug in den äußersten Nordosten Deutschlands wagen. Das kleine vorpommersche Städtchen Eggesin, inmitten des Naturparks »Am Stettiner Haff« gelegen, trägt nicht ohne Grund den Beinamen »Blaubeerstadt«. Es dreht sich hier (fast) alles nur um »das Eine«: ein Denkmal zu Ehren der Blaubeere im Stadtzentrum, eine »Blaubeerscheune« mit integriertem Museum, Mitte Juli ein traditionelles Blaubeerfest mit Wahl der Blaubeerkönigin, Bauernmarkt und Schlemmermeile – natürlich rund um die Blaubeere. Kurzum: Eggesin liegt mitten im tiefblauen Heidelbeerparadies.

STANDORT

Die Blaubeere liebt halb schattige Wälder – bevorzugt Kiefernwälder –, Hochmoore und Heidelandschaften.

HEILWIRKUNG

Die Vitamine C und E sowie das Mangan geben der Wilden Heidelbeere die nötige Heilkraft – die bereits Hildegard von Bingen erkannte. Zudem stellen die Anthocyane – ihr Hauptwirkstoff – und die Flavonoide gemeinsam eine sehr nützliche »Schutztruppe« für unsere Gesundheit. Getrocknete Heidelbeeren sind aufgrund ihrer hohen Konzentration an Gerbstoffen außerdem ein bewährtes Hausmittel gegen Durchfallerkrankungen. Und sogar in der Behandlung von Augenproblemen hat die »Blaublütige« sich als Naturarznei einen Namen gemacht; die Anthocyane unterstützen die Sehempfindlichkeit, aktivieren die fürs Hell-Dunkel-Sehen verantwortlichen Stäbchenzellen.

VERWENDUNG IN DER KÜCHE

Als Marmelade und Kompott zu oder in Klößen und Pfannkuchen.

SAMMELZEIT

Von Juli bis September können wir uns an den Beeren erfreuen.

Wilde Preiselbeere

Vaccinium vitis-idaea

DIE VORNEHME

Es besteht eine Verwandtschaft ersten Grades zwischen der Wilden Preiselbeere und der Wilden Heidelbeere. Sie stehen oft beieinander und erzählen sich gerne Familiengeschichten – dabei sind sie doch sehr unterschiedlich. Die Preiselbeere nämlich hat sich für eine etwas eigenwilligere Lebensart entschieden. Sie neigt nicht so sehr dem Volkstümlichen zu, sondern mehr der Aristokratie, die oft nur allzu gern die eine oder andere kleine Eigenheit pflegt. Was bereits beim Blattwerk anfängt: Sie behält es eigensinnig das ganze Jahr über, scheut da keine Mühen – denn es kleidet doch ungemein, im Herbst immergrün zu leuchten und im Winter edel schimmernde Frostkristalle auf dem Grün zu tragen! »Her Highness« biedert sich außerdem nicht gleich an: Sie mal eben schnell roh zu essen – nicht mit ihr, viel zu herb und bitter schmeckt sie dann. Sie möchte erst ein bisschen hofiert, sprich einfach kurz blanchiert werden.

Die Preiselbeere wähnt sich eben ein bisschen vornehmer als die Heidelbeere. Schließlich besitzt sie den spektakuläreren (kultur-)geschichtlichen Hintergrund. Obwohl unsere Urväter beide Beeren kannten, ist die edle Rote doch die absolute Nummer eins in der finnischen Mythologie: In der »Kalevala«, dem finnischen Nationalepos, gerät die Jungfrau Marjatta nach dem Genuss einer Preiselbeere in andere Umstände und bringt einen Sohn zur Welt, der schon bei der Geburt mächtiger und weiser ist als der berühmte große Weise Väinämöinen.

Auch beim Wuchs pflegt der Kleinstrauch so seine Eigenarten: manchmal präsentiert er sich aufrecht, ein andermal klein und kompakt, ab und an sogar kriechend – aber immer flaumig behaart. In der Blütezeit von Juni bis August sitzen bis zu acht Blüten in einer Traube zusammen. Sie bilden kleine Glocken mit einem langen Staubfaden – einem Glockenseil ähnlich – in der Mitte. Danach reifen die Beeren, erst weiß, später dann leuchtend rot.

STANDORT

Die Preiselbeere liebt – wie alle Heidekrautgewächse – sauren, basenarmen Boden und braucht ein Zusammenleben mit Wurzelpilzen. Sandböden, Moorheide, Bergheide und Kiefernwälder sind die bevorzugten Besiedelungsgebiete.

HEILWIRKUNG

Die Beeren enthalten die Vitamine A, C, B1, B2, B3, außerdem Mineralstoffe wie Kalium, Magnesium und Phosphat. Die Anthocyane schützen vermutlich vor Nieren- und Harnblaseninfektionen. Ascorbin- wie Salicylsäure sind weitere hochwirksame Inhaltsstoffe.

VERWENDUNG IN DER KÜCHE

Die Preiselbeere wird als Beilage zu Wild- oder dunklen Fleischgerichten gereicht. Außerdem ist sie beliebt als herbe Zutat – neben anderen Obstsorten – in Marmeladen und Grützen oder als Bestandteil pikanter Saucen.

SAMMELZEIT

Die Beeren sind reif ab August, lassen sich bis Anfang September pflücken.

POTPOURRI VON WILDEN HEIDELBEEREN UND
WILDEN PREISELBEEREN AUF KARTOFFEL-CRÊPES

Potpourri von Wilden Heidelbeeren und Wilden Preiselbeeren auf Kartoffel-Crêpes

Die Wildbeeren waschen, abtropfen lassen und einige Exemplare für die Dekoration beiseite legen.

Den Zucker in einem Kochtopf hellbraun karamellisieren lassen. Mit dem Orangensaft ablöschen und so lange köcheln lassen, bis sich der Zucker aufgelöst hat.

Die Wildbeeren und die Orangenschale zugeben, 5 Minuten köcheln lassen. Damit ist das Kompott fertig; es wird zunächst zur Seite gestellt.

Die Kartoffeln waschen, schälen und mit einer Küchenreibe mittelfein in eine Schüssel reiben.

Die Zwiebel schälen und ebenfalls in die Schüssel reiben.

Als Letztes die Eier aufschlagen und zum Kartoffelteig geben, mit Salz abschmecken und alles gut vermengen.

Öl oder Butterschmalz in eine schon heiße Pfanne geben. Wenn das Fett leicht siedet, 1 Esslöffel Teig in die Pfanne geben und flach ausstreichen, sodass ein hauchdünner Crêpe entsteht. Für etwa 3 Minuten erst die eine Seite braten, bis sie knusprig braun ist, dann wenden und die andere ebenfalls knusprig werden lassen. Die fertigen Crêpes zwischenzeitlich warm stellen. Für 4 Personen benötigen wir insgesamt 8 Stück.

Auf vorgewärmten Tellern je einen Crêpe flach ausbreiten, einen zweiten mit Beerenkompott füllen, einrollen und auf dem ausgebreiteten Crêpe platzieren. Kompott dazugeben und mit frischen Beeren und Melisseblättchen dekorieren.

ZUTATEN

Für das Kompott
- 100 g frische Wilde Heidelbeeren
- 100 g frische Wilde Preiselbeeren
- 80 g Zucker
- Saft von 1 unbehandelten Orange
- abgeriebene Schale von 1 Orange

Teig für 8 Crêpes
- 1 kg vorwiegend festkochende Kartoffeln
- 1 gr. Zwiebel
- 2 Eier (Gew.-Kl. M)
- ½ TL Salz
- 2 EL Öl oder Butterschmalz zum Anbraten
- einige Blätter frische Melisse

Preiselbeer-Dip

DIE GRUNDLAGE BILDET SELBST GEMACHTES PREISELBEER-KOMPOTT

In einem Kochtopf die zuvor gewaschenen und geputzten Preiselbeeren mitsamt Zucker und Wasser zum Kochen bringen. Für 15 Minuten köcheln lassen, bis die Beeren weich sind und aufplatzen.

Zum Schluss die abgeriebene Orangenschale unterrühren.

Das Kompott vom Herd nehmen und abkühlen lassen.

Die Thymian-Blättchen abrebeln und zusätzlich etwas zerkleinern.

Die Wacholderbeeren im Mörser fein zermahlen. Beides zusammen mit dem Preiselbeer-Kompott und dem Dijonsenf gut verrühren.

Der fruchtig-herbe Dip schmeckt köstlich zu Wild und Geflügel.

ZUTATEN

Für das Kompott
- 450 g Wilde Preiselbeeren
- 500 g Zucker
- 300 ml Wasser
- abgeriebene Schale von 1 unbehandelten Orange

Für den Dip
- 2 Zweige frischen Thymian
- 5 Wacholderbeeren
- 2 EL Preiselbeer-Kompott
- 1 TL Dijonsenf

Gewöhnlicher Meerrettich

Armoracia rusticana

SCHARF VON KOPF BIS FUSS

Eine Herkunftstheorie sieht den Meerrettich aus Asien – »übers Meer« – als »Flüchtling« in unsere Gefilde gelangen, eine andere verortet seine Heimat in Süd- oder Osteuropa. Wie auch immer: Er hat als »Reisender in Sachen Heilwirkung« an Straßen- und Wegrändern seine Zelte aufgeschlagen und sich bei uns sesshaft niedergelassen. Seine auffallend großen, voluminösen Blätter luden zum Probieren ein, bereits unsere Vorfahren entdeckten deren nachhaltige Schärfe wie auch die des dicken Wurzelstocks – ein von Kopf bis Fuß scharfer Gesell. Heute weiß man: Es sind die im Meerrettich enthaltenen ätherischen Senfglykoside, die beim Zerreiben und Einatmen die Nase so schön frei machen.

Von der Heilwirkung des Krens – so der süddeutsche Name – war man schon früh überzeugt: Auf einem antiken Wandgemälde in Pompeji ist er verewigt worden. Die Kinder unserer Vorväter trugen oft Amulette aus aufgefädelten Meerrettich-Wurzelscheiben um den Hals. Und man traute einer rohen Wurzelscheibe, in die Geldbörse gelegt, zu, dauerhaft eine drohende Ebbe in der Kasse zu verhindern.

Der deutsche Pflanzenname lässt sich zum ersten Mal im Althochdeutschen (10. Jahrhundert) belegen. Ansonsten aber ist die Namensherkunft kaum wissenschaftlich gesichert: Ein Botaniker des 20. Jahrhunderts deutet den Namen als »ein Rettich, der übers Meer zu uns kam«. Eine andere Theorie sieht die Mähre, das alte Pferd, als Namensgeberin – was sich im französischen radis de cheval und englischen horse-radish manifestiere.

STANDORT

Man findet den Meerrettich am Rande feuchter Wiesen, an Bachläufen und Flüssen. Lehmige Sandböden und sandige Schwemmlandböden liebt er über alles.

HEILWIRKUNG

Der Meerrettich punktet mit allerhand Inhaltsstoffen: Vitamin C, B1, B2, B6, Kalium, Calcium, Magnesium, Eisen, Phosphor und ätherischen Ölen (wie die Senföle in den Wurzeln); Letztere besitzen eine antivirale und bakterizide Wirkung. Das Meerrettich-Öl wirkt nachgewiesenermaßen entgiftend bei Streptokokken- und Staphylokokken-Infektionen. Eine Kombination aus Kapuzinerkressekraut und Meerrettich-Wurzel weist bei In-vitro-Studien sogar ein solch breites antibakterielles Wirksamkeitsspektrum auf, dass man sie gegen etliche klinisch relevante Bakterienstämme einsetzen kann, unter anderem gegen die im Krankenhaus so gefürchtete MRSA. Die Blätter, fein geschnitten gegessen, haben eine beruhigende Wirkung auf das gesamte Verdauungssystem.

VERWENDUNG IN DER KÜCHE

Als vielseitige Beilage zu Fisch, Fleisch und Wild; in Kombination mit Quark und Käse als kräftiger Brotaufstrich; als delikat-scharfe Sauce.

SAMMELZEIT

Die Blätter und Blüten (mit fast denselben Inhaltsstoffen wie in der Wurzel!) erntet man im Sommer und Herbst. Die winterharte Wurzel können wir von Oktober bis ins Frühjahr hinein ausgraben.

GEDÄMPFTE LACHSFILETS UNTER EINER
MEERRETTICH-PESTO-HAUBE AUF KARTOFFELPUFFER

Gedämpfte Lachsfilets unter einer Meerrettich-Pesto-Haube auf Kartoffelpuffer

Für den Pufferteig die Kartoffeln waschen, schälen und mit einer Küchenreibe mittelfein in eine Schüssel reiben. Die Zwiebel schälen, ebenfalls in die Schüssel reiben. Das Ei zugeben und salzen. Alles sorgfältig vermengen.

Öl oder Butterschmalz in eine schon heiße Pfanne geben. Wenn das Fett leicht siedet, 3 Esslöffel Teig (1/4 der Masse) in die Pfanne geben und mit einem Kochlöffel platt drücken. Für etwa 3 Minuten erst die eine Seite braten, bis sie knusprig braun ist, dann die andere anbräunen. Jeweils warm stellen, bis alle 4 Puffer fertig sind.

In einen großen Kochtopf so viel Wasser füllen, dass ein darin platzierter Kaffeebecher etwa halbhoch »umspült« wird. 1 Esslöffel Salz ins Wasser geben. Einen Teller, auf dem die Lachsfilets Platzt finden, auf den Becher stellen. Wasser zum Kochen bringen, erst dann die Filets auf den Teller legen. Deckel schließen und zugedeckt bei geringer Hitze circa 5 Minuten dämpfen lassen.

Zum Servieren jeweils einen Kartoffelpuffer auf einen vorgewärmten Teller legen und obenauf ein Lachsfilet platzieren. Frischen Pfeffer (aus der Mühle) über das Filet mahlen und die Oberseite mit Meerrettich-Pesto einstreichen. Jeweils mit einem Meerrettich-Blatt garnieren.

ZUTATEN

Für den Kartoffelpufferteig

- 500 g vorwiegend festkochende Kartoffeln
- 1 gr. Zwiebel
- 1 Ei (Gew.-Kl. M)
- 1 EL Salz
- 4 Lachsfilets (à 150 g)
- 2 EL Öl oder Butterschmalz zum Anbraten
- 4 EL Meerrettich-Pesto (siehe Rezept unten)
- 4 Meerrettich-Blätter für die Garnierung
- Salz
- frisch gemahlener Pfeffer

Meerrettich-Blätter-Pesto

Wenn der Gewöhnliche Meerrettich in Blüte steht, ist die beste Erntezeit für dieses Rezept. Die großen Blätter waschen, die weißen Blüten abzupfen. (Sollten Letztere bereits verblüht sein, schmeckt es auch ohne.)

Die Blätter müssen sehr fein zerkleinert werden: entweder portionsweise auf einem feuchten Brett hacken und in eine Schüssel geben oder die Küchenmaschine einsetzen. Dabei nach und nach einen Teil des Öls zugießen, damit die Paste geschmeidig bleibt.

Blüten ergänzen, die Mandeln zugeben und den Parmesan hineinreiben.

Alles sorgfältig vermischen und in gut verschließbare Gläser füllen. Obenauf so viel Öl gießen, dass das Pesto gut bedeckt ist. So »konserviert«, lässt es sich wunderbar im Kühlschrank für längere Zeit aufheben.

ZUTATEN

- 20 junge Meerrettich-Blätter
- 2–3 Meerrettich-Blütenstiele
- 100 ml feines geschmacksneutrales Öl
- 100 g gemahlene Mandeln
- 100 g Parmesankäse am Stück

Apfel-Kürbis-Kraut mit Meerrettich

ZUTATEN

- 1 Meerrettich-Wurzel (ausreichend für 50 g geriebenen Meerrettich)
- 2 Äpfel
- 1 mittelgr. Kürbis
- 3 Schalotten
- 50 g Zucker
- 3 EL Apfelessig
- 70 g Butter
- 200 g Crème fraîche
- Salz, Pfeffer
- 1 TL Kurkuma
- 1 Prise Zucker

Den Meerrettich schälen und fein reiben, davon 50 Gramm abwiegen und in eine Schüssel geben.

Die Äpfel schälen und zum Meerrettich in die Schüssel reiben, beides miteinander vermengen.

Den Kürbis in feine Streifen schneiden, beiseite stellen.

Die Schalotten schälen und würfeln.

Den Zucker in einer großen Pfanne karamellisieren lassen, mit dem Apfelessig ablöschen. Die Schalotten zugeben und kurz darin andünsten.

Die Butter sowie die Kürbisstreifen zufügen und mitsamt den Schalotten für weitere 10 Minuten dünsten.

Die Crème fraîche unterrühren, die Meerrettich-Apfel-Mischung unterheben und nach Geschmack würzen.

Das Kraut schmeckt als rein vegetarisches Gericht zu Kartoffeln, aber natürlich auch bestens zu Fisch und Fleisch.

Meerrettich-Kartoffelpuffer mit Zucchini-Tomaten-Gemüse

ZUTATEN

- 1 Meerrettich-Wurzel (ausreichend für 80 g geriebenen Meerrettich)
- 500 g festkochende Kartoffeln
- 2 Eier (Gew.-Kl. M)
- 2 EL Mehl
- Salz
- frisch gemahlener Pfeffer
- frisch geriebene Muskatnuss
- 50 ml Öl zum Ausbacken
- 12 kl. Tomaten
- 1 kl. Zucchini

Die Meerrettich-Wurzel schälen und mit einer mittelfeinen Reibe in eine Schüssel reiben. Die Kartoffeln schälen und mit einer groben Reibe in die Schüssel reiben. Eier und Mehl zufügen. Mit Salz, Pfeffer und frischem Muskat würzen. Alles sorgfältig miteinander vermengen.

Öl in eine heiße Pfanne gießen. Pro Puffer jeweils 2 Esslöffel der Masse in die Pfanne geben, leicht platt drücken und die Brätlinge auf beiden Seiten kross braten. Die jeweils fertigen Puffer warm stellen.

Altes Öl wegschütten, ein Schuss frisches in die Pfanne geben. Darin die gewaschenen Tomaten und die in grobe Würfel geschnittene Zucchini kurz anbraten. Mit Salz und Pfeffer abschmecken.

Die angenehm scharfen Kartoffelpuffer mit dem fruchtigen Gemüse anrichten.

Meerrettich-Muntermacher

DIE WUNDERWAFFE NACH EINER LANGEN NACHT!

Den Tomatensaft mit dem Meerrettich und der kalten Milch gut durchmixen. Kräftig salzen und pfeffern.

Dieser Drink vertreibt zwar nicht sämtliche Kater dieser Welt, weckt aber unter Garantie wieder die Lebensgeister!

ZUTATEN

- 1 TL frisch geriebener Meerrettich
- 100 ml Tomatensaft
- 100 ml kalte Milch
- Salz
- frisch gemahlener Pfeffer

Meerrettich-Saucen

ZWEI TYPISCH ÖSTERREICHISCHE KREN-VARIANTEN ZU GEKOCHTEM RINDFLEISCH

SEMMELKREN

Die Semmeln reiben oder sehr klein würfeln und in eine Kasserolle geben.

Die Rinderbrühe zum Kochen bringen, über die Semmeln gießen und unter regelmäßigem Rühren so lange einkochen lassen, bis ein sämiger Brei entstanden ist.

Salzen, pfeffern und den frischen Kren untermengen. Zum Schuss das Eigelb unterheben und die Sauce glatt rühren.

ZUTATEN

- 3 EL frisch geriebener Kren (Meerrettich)
- 3 altbackene Semmeln (Brötchen)
- ½ l Rinderbrühe
- Salz
- frisch gemahlener weißer Pfeffer
- 1 Eigelb

MANDELKREN

Zunächst bereiten wir eine klassische Mehlschwitze: Die Butter in einer Kasserolle schmelzen lassen. Wenn sie richtig heiß ist, das Mehl einrühren. Dann nach und nach unter Rühren die Milch und die Schlagahne zugießen, glatt rühren und etwas einkochen lassen, bis eine leicht sämige Sauce entstanden ist. Die geriebenen Mandeln zufügen. Mit Salz, der Prise Zucker und etwas geriebener Muskatnuss würzen. Zum Schluss den frischen Meerrettich unterheben.

Diese Meerrettich-Sauce mundet auch köstlich zu Fisch.

ZUTATEN

- 80 g abgezogene, geriebene Mandeln
- 40 g Butter
- 40 g Mehl
- ¼ l Milch
- ¼ l Schlagsahne
- Salz
- 1 Prise Zucker
- frisch geriebener Muskat
- 80 g frisch geriebener Kren (Meerrettich)

Gewöhnliche Berberitze

Berberis vulgaris

EINE ECHTE KRÄUTERHEXE

Die Gewöhnliche Berberitze ist eine der facettenreichsten Pflanzen unserer Gefilde. Das beginnt schon beim Aussehen: Im Frühjahr prunkt sie weithin sichtbar mit ihren üppigen gelben Blütentrauben. Im Sommer bis in den tiefen Herbst hinein locken Büschel kleiner, walzenförmiger tiefroter Früchte. Und auch die Blätter bekommen oft eine knallrote Färbung – was vortrefflich ablenkt von den langen Dornen, die die Berberitze zum Schutz vor Verbiss trägt.

Ihre eigentliche »Hexenhaftigkeit« aber manifestiert sich in ihrem Wesen. Sie ist Heilerin und Giftmischerin zugleich, also Achtung! Beeren und Samen besitzen ausschließlich positiv-heilende Kräfte, Blätter und Rinde hingegen – je nach Dosierung – auch toxische. Das liegt an dem in diesen Pflanzenteilen enthaltenen Alkaloid Berberin, das in der Homöopathie wiederum als Heilmittel verwendet wird. Es hat keine tödliche Wirkung, aber der Genuss von Blättern und Rinde verursacht oft Reizungen der Haut und Augen sowie Magen- und Darmbeschwerden. Vor allem Kinder müssen das erklärt bekommen und beim Sammeln beobachtet werden!

Dem Ansehen der Berberitze hat das nicht geschadet: Bereits im Alten Ägypten bewährt gegen Fieberattacken, Gelbsucht, Lebererkrankungen und Rheumaschübe, nahm der Römer Plinius d. Ä. die Berberitze sogar in seine Arzneibücher auf. Die Mönche im Mittelalter erprobten die »kleine rote Walze« in Küche und Apotheke.

Ihren Namen hat sie vom arabischen »berberi«, Muschel, was auf die Blattform verweist; »vulgaris« sagt aus, dass die Pflanze häufig vorkommt. Ihre »nicknames« Essigbeere oder Sauerdorn verdankt sie den säuerlich schmeckenden Früchten – die übrigens eine beliebte Zutat der orientalischen Küche darstellen.

STANDORT

Die Berberitze ist anspruchslos, sie wächst sowohl in der Sonne als auch im Schatten, an Waldrändern und im Gebüsch. Ihre Kulturform wird oft als Heckenpflanze eingesetzt, da sie mit ihren Dornen eine ideale Abwehr bietet.

HEILWIRKUNG

Die Früchte besitzen einen hohen Vitamin C-Anteil, wirken antibakteriell, kräftigend und gegen Durchfall. Die besonderen heilenden Eigenschaften der Wurzel auf das Gallen-Leber-Bauchspeicheldrüsen-System möge man in der Apotheke seines Vertrauens erfragen – vom Ausgraben der Berberitze-Wurzel wird dringend abgeraten!

VERWENDUNG IN DER KÜCHE

Die Berberitze wird oft als Konfitürenzutat verwendet. In der orientalischen Küche kommt sie als beliebte Ergänzung zu Reis-, Fisch- und Fleischgerichten zu Ehren. Getrocknet findet man die Früchte in verschiedenen Müslisorten.

SAMMELZEIT

Von August bis in den tiefen November hinein können die Früchte gesammelt werden.

Getrocknete Berberitzen-Beeren

ZUTATEN

500 g frische Berberitzen-Früchte

Zunächst die Stiele abzupfen, dann die Beeren waschen und abtropfen lassen. Die Früchte auf einem großen Backblech auslegen und für 14 bis 20 Tage an einem trockenen, nicht zu kühlen Ort lagern; dabei die Beeren immer wieder wenden, damit sie gleichmäßig trocknen.

Gut durchgetrocknet in dicht schließenden Gläsern aufbewahrt, versorgen uns die Früchte den ganzen Winter über mit wertvollem Vitamin C.

Kohlrabigemüse mit Berberitzen

ZUTATEN

250 g Berberitzen-Früchte
20 g Butter
1 EL Zucker
4 gr. Kohlrabi
50 g Schalotten
1 Knoblauchzehe
1 EL Öl
100 ml Orangensaft
100 ml Gemüsebrühe
3 EL Orangenmarmelade
1 Prise Cayennepfeffer
Salz
frisch gemahlener Pfeffer

Die Berberitzen-Früchte waschen und trocknen lassen.

In einem Kochtopf 10 Gramm Butter zum Schmelzen bringen und darin den Zucker karamellisieren lassen. Temperatur etwas zurückschalten, die Berberitzen zufügen und einige Minuten schmoren lassen. Beiseite stellen.

Den Kohlrabi schälen und in feine Stifte schneiden.

Die Schalotten und den Knoblauch ebenfalls schälen und danach würfeln. Das Öl und 10 Gramm Butter in einem Kochtopf erhitzen. Darin zunächst die Schalotten- und die Knoblauchwürfel anschwitzen. Die Kohlrabistifte zufügen und leicht mit anbraten. Mit dem Orangensaft ablöschen, die Brühe zugeben und die Marmelade einrühren. Das Gemüse pfeffern und salzen.

Kurz vor dem Servieren die karamellisierten Berberitzen-Früchte unterheben – das gibt dem Ganzen einen besonderen geschmacklichen Reiz.

Berberitzen-Fruchtaufstrich

ZUTATEN

- 500 g Berberitzen-Früchte
- 100 g Ahornsirup
- 200 g Zucker
- 200 g Akazienhonig

Die Früchte waschen, in einem Kochtopf mit etwas Wasser aufkochen und für 15 Minuten sprudelnd kochen lassen.

Vom Herd nehmen und durch ein Sieb passieren. Dabei das Mus in einem zweiten Kochtopf auffangen, die festen Bestandteile im Sieb wegwerfen.

Den Ahornsirup, den Zucker und den Honig zufügen und das Fruchtmus nochmals sprudelnd aufkochen lassen.

Noch heiß in vorbereitete, dicht verschließbare Gläser füllen. Diese zum Abkühlen auf den Kopf stellen.

Fruchtaufstriche ohne Gelierzucker sind – besonders nach dem Öffnen – kürzer haltbar. Deshalb besser kleine Gläser verwenden.

Berberitzen-Holunder-Marmelade

ZUTATEN

- 500 g Berberitzen-Früchte
- 300 g Holunderbeeren
- 200 g Vogelbeeren
- Schale und Saft von 1 ungespritzten Zitrone
- 1 kg Gelierzucker
- 1 Zimtstange

Sämtliche Früchte waschen, von den Stielen zupfen, bei Bedarf säubern und in einen Kochtopf geben. Abgeriebene Zitronenschale sowie den ausgepressten -saft ergänzen.

Früchte mit dem Gelierzucker verrühren, das Ganze aufkochen und unter Rühren 4 Minuten sprudelnd kochen lassen.

Das Fruchtmus umgehend in saubere Marmeladengläser füllen, je ein Stückchen Zimtstange hineingeben und Gläser sofort verschließen.

Berberitzen-Reis (Sereschk-Polo) mit gebratenen Riesengarnelen

EINE REISSPEZIALITÄT AUS DER IRANISCHEN KÜCHE

ZUTATEN

- 250 g frische Berberitzen-Früchte
- 150 g Zucker
- 400 g schwarzer Reis
- 100 g Rosinen
- ½ TL Safranfäden
- 12 rohe Riesengarnelen
- feines Öl zum Braten
- frisch gemahlener Pfeffer
- grobes Meersalz
- 50 g Butter
- etwas Butter für die Form
- 3 Blätter Friseesalat zum Garnieren

Die kleinen Stiele von den Berberitzen-Früchten abzupfen, Beeren waschen und abtropfen lassen. 4 Esslöffel Früchte beiseite stellen.

In einer Kasserolle 200 Milliliter Wasser mit dem Zucker zum Kochen bringen, die Berberitzen-Früchte zugeben und 10 Minuten lang köcheln lassen. Danach durch ein Sieb abgießen und dabei den Sud auffangen. Beides erst einmal beiseite stellen.

Den Reis in leicht gesalzenes, kochendes Wasser geben (das ideale Verhältnis von Reis zu Wasser beträgt 1:2,5) und bei kleiner Hitze im geschlossenen Topf circa 40 Minuten lang köcheln lassen.

Die Rosinen 10 Minuten vor Ende der Garzeit zum Reis geben.

Wenn der Reis so bissfest ist, wie man ihn wünscht, eventuell überschüssiges Wasser vorsichtig abgießen.

Zum Schluss die Safranfäden in eine Tasse geben, mit etwas heißem Wasser übergießen, kurz einweichen lassen und den Tasseninhalt zum Reis geben, umrühren.

Die Garnelenschwänze aus ihrem Panzer herauslösen, säubern, waschen und trocken tupfen.

Etwas Öl in eine heiße Pfanne geben und die Garnelen darin von beiden Seiten kurz anbraten, bis sie rosarot sind; kräftig würzen, aus der Pfanne schöpfen und kurz warm stellen.

Die 50 Gramm Butter in die heiße Pfanne geben, aufschäumen lassen und – je nach gewünschter Geschmacksintensität – 1 bis 2 Esslöffel des Berberitzen-Sudes zufügen.

Den Reis mit den gedünsteten Berberitzen-Früchten vermengen; abschmecken und, wenn nötig, etwas nachsalzen.

Eine von der Größe her passende Form mit etwas Butter einfetten. Den Reis umfüllen, fest andrücken und warm stellen; so lässt er sich anschließend gut stürzen.

Zum Servieren den Reis mittig auf eine vorgewärmte Platte stürzen. Die Garnelenschwänze um den Reis herum hübsch anrichten. Den Butter-Frucht-Sud aus der Pfanne über die Meeresfrüchte und den Reisrand träufeln. Mit den rohen Berberitzen-Früchten und dem Friseesalat garnieren.

BERBERITZEN-REIS (SERESCHK-POLO)
MIT GEBRATENEN RIESENGARNELEN

Eiche

Quercus

DIE SAGENUMWOBENE

Zur Gattung Quercus zählen über 400 Arten. Die Stieleiche (auch Sommereiche oder Deutsche Eiche genannt) und die Traubeneiche (oder Wintereiche) sind nur die häufigsten Vertreter der Sektion der Weißeichen – dabei gehören sie eindeutig zur Familie der Buchengewächse. Eine reich verzweigte, schier unübersehbare Sippschaft!

Ihr Alter ist in mannigfacher Hinsicht legendär: So manche Vertreterin wird, sofern man sie respektvoll in Ruhe lässt, »stein(eichen)alt« – jedes Land Europas wartet mit etlichen angeblich 1000-jährigen Eichen auf.

Und Fossilien-Funde aus dem Tertiär – mehr als 12 Millionen Jahre vor unserer Zeit – beweisen: Das knorrige Naturdenkmal gab es schon damals. Während Funde aus menschlichen Siedlungen der Bronzezeit belegen: Schon früh dienten die Nussfrüchte des Baumes (die Eicheln) den Haustieren als Nahrung und die zerstoßenen Früchte den Menschen als Mehl- oder Kaffeeersatz. Nicht ohne Grund leitet sich der deutsche Name her aus dem lateinischen Wort esca, Speise.

Die Eiche galt als Symbol für die Ewigkeit und wurde als heilig verehrt. Mit den Göttern in Zusammenhang gebracht wurde der sagenumwobene Baum in fast allen Religionen. Besonders die Kelten sahen der Eiche – keltisch dru, altgriechisch drys – eine so mächtige sakrale Kraft innewohnen, dass sie sogar als Namenspatin für das höchste Priesteramt, den Druiden, mitgewirkt haben soll.

Jenseits allen Heiligenscheins widmen wir uns hier ganz profan ihrer Frucht, der Eichel. Egal, ob von der Stiel- oder Traubeneiche, sie sitzt apart in einer Kapsel und macht allein schon durch ihre Erscheinung einen dekorativen Eindruck. Um die Eicheln für den menschlichen Verzehr genießbar zu machen, bedarf es einer speziellen Prozedur: Erst müssen sie sorgfältig geschält und dann püriert werden. In früheren Zeiten eine recht arbeitsintensive, mühselige Angelegenheit. Wir haben es mit den heutigen Küchenhilfsmitteln da viel einfacher.

STANDORT

Eichen gehören zu den Lichtbaumarten: Sie benötigen im Wachstum viel Licht und bilden selbst lichte Kronen aus. Sie wachsen gern an Wegrändern und lichten Abhängen. Im Verbund findet man Eichen in einigen Küstenwäldern, ansonsten sieht man sie überwiegend in Mischwäldern.

HEILWIRKUNG

Die ersten zarten Eichenblätter im Frühling überzeugen durch viel Protein und Vitamin A; in feine Streifen geschnitten, munden sie köstlich als Salatsaucenzugabe. Die geröstete Eichel enthält ebenfalls viel Vitamin A. Die Röststoffe im bekannten, aus Eichelmehl hergestellten »Muckefuck« (Kaffeeersatz) helfen gegen Verdauungsprobleme und galten früher auch als probates Mittel gegen Melancholie.

VERWENDUNG IN DER KÜCHE

Die Blätter vertreiben als Salatzutat auf schmackhafte Weise die Frühjahrsmüdigkeit. Das Eichelmehl, richtig zubereitet, lässt sich hervorragend in der gesunden Brotbäckerei einsetzen.

SAMMELZEIT

Die Eicheln sind reif, wenn sie vom Baum fallen und aus den Kapseln rutschen. Dann liegen sie, sozusagen sammelfertig, vor uns auf dem Boden.

Salat mit Eichen-Blättern

EINS DER WENIGEN »FRÜHLINGSREZEPTE« IN DIESEM BUCH

ZUTATEN

- 2 Handvoll frisch ausgetriebene grüne Eichenblätter
- 1 Handvoll Knoblauchs-raukenblätter
- 1 Apfel
- 150 g Kultursalat
- 1 EL Apfelessig
- 1 TL Honig
- 1 TL Dijonsenf
- 3 EL Rapsöl
- Salz
- weißer Pfeffer aus der Mühle
- 100 g frisch geriebener Parmesankäse

Die Eichen- und die Raukenblätter waschen, trocken tupfen und in schmale Streifen schneiden.

Den Apfel schälen, entkernen und würfeln.

Den Kultursalat waschen, abtropfen lassen und bei Bedarf klein zupfen.

Diese frischen Zutaten in eine hübsche Salatschüssel geben oder auf Einzeltellern anrichten.

Für die Vinaigrette den Apfelessig, den Honig, den Senf sowie Salz und Pfeffer miteinander verrühren, das Öl langsam zulaufen lassen und kräftig unterschlagen. (Noch schneller geht es natürlich mit einem Mixbecher.)

Kurz vor dem Servieren die Vinaigrette über den Salat träufeln und den Parmesan darüber hobeln. Schmeckt köstlich mit herzhaft-nussigem Brot!

Eichel-Vollkornbrot

ZUTATEN

- 70 geschälte, gemahlene Eicheln (= ca. 100 g Mehl)
- 240 g Weizenvollkornmehl
- 340 g Dinkelvollkornmehl
- 500 ml handwarmes Wasser
- 1 EL Salz
- 1 EL Kümmel (nach Geschmack)
- 1 Würfel Hefe

Die Eicheln aus ihrer harten Schale herauslösen und dünn schälen. Früchte halbieren und in einer großen Schüssel mehrmals wässern, und zwar so lange, bis das Wasser völlig klar ist; erst dann sind die Gerbstoffe ausgewaschen. Früchte abtropfen lassen und auf einem Backblech ausbreiten; im Backofen bei 50 °C für etwa 2 Stunden trocknen lassen. In einer Getreide- oder Kaffeemühle fein mahlen und 100 Gramm abwiegen.

Das Mehl, das Wasser sowie die Gewürze in eine große Schüssel geben, den Hefewürfel zerbröseln, alles miteinander vermischen und gut durchkneten. Den Teig an einen warmen Ort stellen und so lange gehen lassen, bis er ordentlich an Volumen gewonnen hat.

Zwischenzeitlich den Backofen auf 200 °C vorheizen.

Den Teig nochmals durchkneten.

Eine runde, backofengerechte Form einfetten und den Teig hineinlegen. Die Oberseite mit etwas Wasser glatt streichen und mit einem Messer quer einige oberflächliche Schnitte setzen. Brot in den Ofen schieben.

Etwa 50 Minuten backen lassen; sollte die Oberseite allzu braun zu werden drohen, vor Ende der Backzeit mit Alufolie abdecken. Auskühlen lassen.

EICHEL-VOLLKORNBROT

Topinambur

Helianthus tuberosus

EIN GESCHENK DES HIMMELS

So wird die Wildpflanze Topinambur seit langer Zeit im Volksmund genannt. Denn der unterirdische Teil, die süße kartoffelartige Wurzelknolle – und um die geht es hier –, ist aufgrund des hohen Inulin-Gehaltes sogar für Diabetiker wunderbar verträglich und besitzt zudem viele positive Heilwirkungen.

Die Topinambur gilt als Kulturpflanze der Indianer aus vorkolumbianischer Zeit. Ursprünglich in Nord- und Mittelamerika beheimatet, gelangte die Knolle allerdings erst Anfang des 17. Jahrhunderts nach Europa: Nachdem französische Auswanderer in Kanada durch den Verzehr der nahrhaften Wurzelknolle nur knapp dem Hungertod entronnen waren, schickten sie einige Exemplare dieses beispiellosen »Lebensretters« nach Paris, wo die bis dato unbekannte »Wunderknolle« untersucht wurde und ihren heutigen Namen erhielt, angelehnt an denjenigen eines Indianerstammes, topinambour. Die lateinische Gattungsbezeichnung Helianthus wiederum lässt auf ihre Verwandtschaft mit der Sonnenblume schließen.

Und die blühende Pflanze, die es bis zu einer beachtlichen Höhe von 3 Metern schafft, sieht tatsächlich aus wie eine Ansammlung kleiner Sonnenblumen – was man zum Beispiel an zahlreichen Uferregionen des schwäbischen Flusses Kocher bewundern kann. Aus einer gelbbraunen bis rosaroten Wurzelknolle wachsen mehrere verzweigte, rau behaarte Stängel und ebensolche eiförmigen Blätter, in deren oberen Achseln die knallgelben Blütenkörbchen sitzen. Als sogenannte Kurztagspflanze ist die Topinambur eine Spätblüherin, sie bildet ihre »Sonnenblumen« somit erst bei genügend langer Dunkelphase aus: im frühen bis späten Herbst.

STANDORT

Die Topinambur ist eine anspruchslose Pflanze, die an sonnigen Orten fast überall gedeiht: an Flussufern, Wald- und Wegrändern.

HEILWIRKUNG

Die Wurzelknolle besteht aus 16 Prozent Inulin, einem ballaststoffartigen Mehrfachzucker, der für Diabetiker von großer Bedeutung ist, weil er vom Körper nicht aufgenommen wird und somit den Blutzuckerspiegel nicht belastet. Zudem senkt Inulin, regelmäßig eingenommen, die Blutfettwerte. Die Knollen enthalten außerdem Saponine, Mineralsalze wie Kalium, Kalzium, Natrium, Phosphor, Eisen, Silizium, Provitamin A sowie Vitamin C und B. Sie lindern Beschwerden von Galle, Leber und Magen. Zum Einsatz kommt Topinambur auch als Appetitzügler. Allerdings ist das nicht unser Thema für das Kochbuch – wir wollen ja essen und genießen!

VERWENDUNG IN DER KÜCHE

Im Gegensatz zur Kartoffel braucht die zarte, dünne Haut oft nicht geschält zu werden; waschen und gründlich abbürsten reicht meist. Die Knolle ist als Rohkostbeilage mit ihrem nussigen Geschmack eine Bereicherung für jede Art Salat. Sie überzeugt als gegartes Gemüse und auch als Digestif.

SAMMELZEIT

Mit der Ernte beginnt man, wenn die Blätter gelb werden – etwa ab Oktober –, dann haben die Knollen ihre optimale Größe erreicht; bei Frost lassen sich die Knollen nur schlecht aus der Erde ziehen. Man muss vorsichtig, zugleich aber kräftig an den Stängeln ziehen, damit die »Erdäpfel« ihr dunkles Reich verlassen.

TOPINAMBUR-QUARKSTRUDEL

Topinambur-Quarkstrudel

Die Topinambur-Knollen gut waschen, bürsten und in kleine Würfel schneiden. Den Giersch ebenfalls waschen, trocken tupfen und die dicken Stiele entfernen. Die Zwiebel schälen und klein würfeln, ebenso die Knoblauchzehen.

In einer heißen Pfanne das Öl erhitzen und Zwiebel sowie Knoblauch darin anschwitzen. Die Topinambur zugeben und für 10 Minuten bei kleiner Hitze mitdünsten. Den Giersch (oder Spinat) unterheben und kurz zusammenfallen lassen, vom Herd nehmen.

Pfanneninhalt in eine Schüssel geben, mit dem Quark vermengen und zum Schluss den Fetakäse unterheben. Nach Geschmack salzen und pfeffern.

Den Backofen auf 180 °C vorheizen.

Das Ei verquirlen. Den Blätterteig auf einem Backblech auslegen (einzelne Platten sollten dabei leicht überlappen) und ausrollen; darauf die Füllung verteilen. Den Strudel zu einer Rolle zusammenrollen – dabei die seitlichen Enden einklappen –, mit dem verquirlten Ei und der zerlassenen Butter bestreichen und im vorgeheizten Backofen für 45 Minuten backen. Falls die Oberseite allzu braun zu werden droht, rechtzeitig mit Alufolie abdecken.

ZUTATEN

- 500 g Topinambur-Knollen
- 2 Handvoll Giersch (oder Spinat)
- 1 mittelgr. Zwiebel
- 2 Knoblauchzehen
- 2 EL Rapsöl
- 250 g Quark
- 200 g fein gewürfelter Fetakäse
- Salz
- frisch gemahlener Pfeffer
- 1 Ei (Gew.-Kl. M)
- 1 Paket Blätterteig
- 50 g Butter zum Bestreichen

Topinambur-Knabberspaß

KARTOFFELCHIPS DER GESUNDEN ART

Die Topinambur-Knollen gut waschen, glatt bürsten und trocknen lassen. In feine Stifte schneiden, ungefähr 0,5 x 0,5 Zentimeter stark.

In eine heiße Pfanne etwas Sonnenblumenöl geben und die Topinambur-Stifte darin portionsweise goldgelb anbraten. Dabei immer wieder das Öl auswechseln, damit es nicht zu braun wird.

Die einzelnen Portionen aus der Pfanne schöpfen und mit etwas Meersalz würzen.

Wer auf die schlanke Linie achtet, lässt die »Chips« ein Weilchen auf Küchenkrepp liegen.

ZUTATEN

- 500 g Topinambur
- 3–4 EL Sonnenblumenöl
- Meersalz

Mit diesem herrlichen Knabberspaß, der kaum Kohlehydrate enthält und sich gut vorbereiten lässt, kann man bei den eigenen Gästen, aber auch bei Einladungen (ein kleines Mitbringsel aus der Küche) so richtig punkten!

Weißdorn

Crataegus monogyna und C. laevigata

DIE HAGEDORN-BRÜDER

Es gibt – neben den weltweit bis zu 300 gezählten Arten – in unseren Gefilden im Grunde nur zwei für unsere Wildfrüchte-Küche relevante Weißdorn-Brüder. Sie unterscheiden sich von ihrer »Griffeligkeit« und ihrer Blattform her, ansonsten aber weisen beide die für uns wesentlichen Eigenschaften auf. Wenn wir die Blütengriffel durchzählen oder später die kleinen roten »Apfelfrüchte« nach dem Sammeln aufschneiden, wissen wir meist, wen der beiden Brüder wir da vor uns haben: entweder den etwas häufiger anzutreffenden Crataegus monogyna, den Eingriffeligen Weißdorn, oder Crataegus laevigata, den Zweigriffeligen Weißdorn. Die Früchte mit nur einem Kern stammen vom eingriffeligen, die mit mehreren Kernen hingegen vom zweigriffeligen Weißdorn-Verteter.

Im Winter stehen die Brüder abweisend-trutzig, wehrhaft-dornig am Waldesrand und geben allenfalls den Vögeln Schutz. Aber von April an zeigen sie ein ganz anderes Gesicht: Üppige Wolken aus Tausenden weißen Blütenbüscheln umgeben die Dornenbrüder – sie machen ihrem Namen nun alle Ehre, sehr zu unserer Freude! Unsere Nase allerdings kann sich nicht an der weißen Pracht berauschen: Obwohl zur Familie der Rosengewächse gehörig, passt der ausströmende Duft rein gar nicht zum Familiennamen; ammoniakähnlich, kann man da nur die Nase rümpfen. Dieser »Gestank« gibt sich aber rasch wieder – und warum sollte ein Strauch von solch hohem Stellenwert in Pharmakologie und Küche nicht kurzfristig ein bisschen stinken dürfen?!

Der trutzige Hagedorn (so sein zweiter Name) bildete bereits in der Frühzeit zusammen mit anderen wehrhaften Gehölzen den Hag um die menschlichen Behausungen: einen Schutzwall gegen die gefährliche Außenwelt, gegen wilde Tiere und böse Dämonen. Bei den Kelten zählte er aufgrund seiner Wehrhaftigkeit zu den Häuptlingsbäumen und trug darüber hinaus mit seinen Früchten zu einer gesünderen Ernährung bei. Trotz aller Dornen hatten auch die wohlmeinenden Feen und Geister in ihm ein Zuhause, ein Gehölz mit vielen Gesichtern.

STANDORT

Den Weißdorn findet man an Feld- und Waldrändern sowie in Laub- und Mischwäldern. Als Licht- und Halbschattengewächs gedeiht er sowohl auf trockenen als auch auf frischen Böden; darf er allerdings wählen, bevorzugt er kalkhaltige, lehmige Böden.

HEILWIRKUNG

Blüten, Blätter und Früchte werden seit alters her als Heildrogen eingesetzt aufgrund ihrer Inhaltsstoffe: Flavonoide, Gerbstoffe und Vitamin C. Weißdornpräparate zählen zu den Herz und Kreislauf stärkenden Mitteln.

VERWENDUNG IN DER KÜCHE

Die frischen Blätter munden köstlich in Frühlingssalaten, Dips und Brotaufstrichen. Die Blüten eignen sich für Sirup, Likör und Gelee. Die Früchte zeigen sich vielfältig verwendbar: als Mus, in Marmeladen und pikanten Saucen.

SAMMELZEIT

Die Blätter im März und April; die Blüten im Mai und Juni; die Früchte von August bis in den November hinein.

Geflügeltürmchen an schwarzen Belugalinsen mit Spaghetti und Weißdorn-Sauce

ZUTATEN

- 500 g Weißdornbeeren
- 16 frische Weißdornbeeren als Garnierung
- 200 g brauner Rohrzucker
- 2 Scheiben frischer Ingwer
- 100 ml frisch gepresster Orangensaft
- 2 EL Orangenlikör
- 12 kl. Hähnchen-Unterschenkel
- Salz, frisch gemahlener Pfeffer
- 1 TL Chilipulver
- Öl zum Braten
- 250 g Belugalinsen
- Salz
- 500 ml Wasser
- 200 g Spaghetti
- ½ Friseesalat als Garnierung

Die Weißdorn-Früchte waschen, gut abtropfen lassen und mit dem Zucker und dem Ingwer bei kleiner Hitze köcheln lassen, bis ein dickes Mus entsteht. Das Fruchtmus durch ein Sieb streichen und Orangensaft sowie Likör unterrühren. Beiseite stellen.

Die Hähnchenunterschenkel entbeinen, das geht so: Zunächst die Haut vorsichtig mithilfe der Finger von der dickwulstigen Seite her (also vom »Knie« aus) vom Fleisch lösen (dabei nicht einreißen!) und nach unten (zum »Fuß« hin) umstülpen, sodass man bequem ans Fleisch herankommt. Längs entlang des Knochens einen Schnitt setzen und Ersteren mithilfe eines scharfen Messers drehend herausschälen. Die Sehnen abschneiden. Zum Schluss die Haut wieder zurückklappen, also quasi wie ein Strumpf wieder über den Unterschenkel ziehen. Der nun knochenlose Unterschenkel lässt sich so später als kleines »Türmchen« aufrecht platzieren.

Die Hähnchenschenkel kräftig mit Salz, Pfeffer und Chilipulver würzen und in einer heißen Pfanne mit Öl für circa 15 Minuten von allen Seiten gut anbraten. Warm stellen.

Die Linsen in einem Topf mit Wasser aufsetzen und ungefähr 30 Minuten lang köcheln lassen. Erst am Ende der Kochzeit kräftig salzen, danach abgießen.

Während die Linsen kochen, den Friseesalat waschen und in feine Streifen schneiden; für die Garnierung beiseitelegen.

Die Spaghetti in kochendem Salzwasser bissfest kochen und in ein Sieb geben. Auf vorgewärmten Tellern einen Saucenspiegel aus dem Weißdorn-Fruchtmus anlegen. Hähnchenschenkel, Linsen und Spaghetti wie auf dem Foto anrichten und mit Salatstreifen und frischen Weißdornbeeren garnieren – und dieses Highlight für alle Sinne servieren!

Weißdorn-Blüten-Kapern

ZUTATEN

- 200 g Weißdornblütenknospen
- 1-2 Schalotten
- 350 ml Apfelessig
- Salz

Die abgezupften Weißdornblütenknospen gut ausschütteln, damit keine kleinen Bewohner mitverarbeitet werden.

Die Schalotte(n) in feine Würfel schneiden.

Den Essig in einen Kochtopf gießen und darin die Knospen und die Zwiebelwürfel kurz aufkochen. Noch heiß in saubere Gläser mit Deckel abfüllen und diese fest verschließen.

Nach einer Woche sind die Weißdornblüten-Kapern fertig durchgezogen – eine köstlich süß-säuerliche Beigabe zu diversen Gerichten und auch zu würzigem Käse.

GEFLÜGELTÜRMCHEN AN SCHWARZEN BELUGALINSEN
MIT SPAGHETTI UND WEISSDORN-SAUCE

Bratäpfel mit Weißdorn-Beeren, Pancetta, Salbei und Zwiebeln

ZUTATEN

- 200 g Weißdornbeeren
- 150 ml feinherber Rotwein
- 2 Nelken
- 80 g Zucker
- 4 mittelgr. Äpfel
- 80 g Pancetta (ital. Schinken)
- 250 g Zwiebeln
- 2 Zweige Salbei
- ca. 4 EL Butter
- frisch gemahlener schwarzer Pfeffer

Die Weißdornbeeren verlesen, waschen und zusammen mit dem Rotwein, den Nelken und dem Zucker einmal kurz aufkochen; durch ein Sieb passieren und beiseite stellen.

Die Blüten der Äpfel mit einem spitzen Messer ohne tiefen Schnitt vorsichtig entfernen. Dann das Kerngehäuse der Äpfel vom Stilansatz her mit einem Apfelausstecher entfernen; den Apfel dabei möglichst nicht komplett durchstechen, sondern unten ein wenig Fruchtfleisch stehen lassen. Oben (dort, wo der Stil saß) die Haube abschneiden – diese aufbewahren – und die Äpfel innen aushöhlen.

Den Backofen auf 180 °C vorheizen.

Den Pancetta klein würfeln. Die Zwiebeln schälen und ebenfalls klein würfeln. Die gewaschenen Salbeiblätter in kleine Streifen schneiden.

In einer heißen Pfanne den Schinken auslassen, 1 Esslöffel Butter zugeben und die Zwiebel sowie die Hälfte der Salbeiblätter hinzufügen. Unter Rühren dünsten lassen, bis die Zwiebeln glasig sind. Den Weißdornbeeren-Sud zugeben und mit frischem Pfeffer abschmecken.

Die Füllung in die vorbereiteten Äpfel füllen, die Deckel aufsetzen.

Eine Auflaufform mit 2 Esslöffel Butter einfetten, die restlichen Salbeiblätter darin verteilen und die Äpfel einsetzen. Je einen kleinen Klacks Butter auf die Äpfel setzen, in den Backofen schieben und für 25 Minuten garen.

Dieses Gericht lässt sich wunderbar vorbereiten als delikates Dessert oder Zwischengericht.

Weißdorn-Blüten-Sirup

ZUTATEN

- 2 l frisch gesammelte Weißdornblüten
- 500 g Zucker
- 500 ml destilliertes Wasser
- 15 g Zitronensäure

In einer ausreichend großen Kasserolle Zucker und Wasser unter Rühren kurz aufkochen lassen, Hitze zurückschalten und warten, bis die Masse nur noch »langsam« blubbert.

Dann die Weißdornblüten zugeben, unterheben und das Ganze nochmals kurz aufkochen lassen. Topf vom Herd nehmen.

Den ausgekühlten Sirup durch ein feines Tuch abseihen und in kleine saubere Fläschchen abfüllen.

Ein Schuss Weißdorn-Sirup ins (alkoholhaltige) »Prickelwasser« – einfach nur köstlich!

Weißdorn-Birnen-Quarkcreme

Beeren und Birnen waschen; die Birnen in Scheiben schneiden. Beides zusammen mit dem Birnensaft aufkochen und 10 Minuten köcheln lassen.

Vom Herd nehmen und durch ein Sieb passieren, damit die Kerne entfernt werden.

Honig und Vanillinzucker zum Fruchtmus geben, verrühren und das Ganze auskühlen lassen.

Zum Schluss den Sahnequark und die Schlagsahne unterheben.

Hübsch garniert in gekühlten Gläsern servieren.

ZUTATEN

- 150 g Weißdornbeeren
- 4 Birnen
- 50 ml naturtrüber Birnensaft
- 4 EL Honig
- 1 TL Vanillinzucker
- 200 g Sahnequark
- 50 g steif geschlagene Sahne

Weißdorn-Kräuterwein

AM BESTEN MUNDEND MIT DEN IM SOMMER AUSGEREIFTEN BLÄTTERN

Die frisch gepflückten Weißdornblätter waschen und mit dem Weißwein in einem verschließbaren Gefäß ansetzen. Für 10 Tage verschlossen im Kühlen stehen lassen.

Danach sorgfältig durch ein Tuch abseihen, und zwar so oft, bis sämtliche Schwebstoffe entfernt sind.

Den Wein in kleine verschließbare Fläschchen abfüllen.

Fest zugeschraubt im Kühlschrank aufbewahrt, ist der Kräuterwein gut 4 Wochen lang haltbar.

Die Volksmedizin empfiehlt ein Gläschen pro Tag als Herzstärkung.

ZUTATEN

- 1 Handvoll frische Weißdornblätter
- 0,7 l feinherber Weißwein

Sanddorn

Hippophae rhamnoides

VITAMINBOMBEN AM STRAUCH

Der Sanddorn macht seinem Namen alle Ehre: Er liebt sandige Böden, bevorzugt in Küstennähe, und das raue Klima des Nordens. Und Dornen besitzt er mehr als genug. Beim Sammeln der Früchte müssen wir somit findig sein: Man kann sie zum einen mit einem grobzinkigen Kamm regelrecht abkämmen und zum anderen die Fruchtzweige abschneiden und zu Hause einfrieren, danach fallen die Früchte leicht ab. Aber Achtung: In manchen Regionen Deutschlands steht der Sanddorn unter Naturschutz, also vorher erkundigen und sorgsam vorgehen!

Die ursprüngliche Heimat des Sanddorns ist Zentralasien, von wo aus er über verschlungene Wege zu uns gelangte. Von alters her schon nutzte man gern seine große Kraft. Bei den alten Griechen wurden die gelben Früchte als besonderes Stärkungsmittel für Pferde hochgeschätzt. Der Gattungsname hippophae von griechisch hippos, das Pferd, deutet darauf hin. Seinen Beinamen »Zitrone des Nordens« erhielt der dornige Geselle wegen seines hohen Anteils an Vitamin C – der den der Zitrone um ein Mehrfaches übertrifft.

Die zweihäusige Pflanze ist winterhart mit rotbraunen Ästen, seine Blätter schmalgliedrig graugrün, an der Unterseite weiß glänzend, die Blüten beiderlei Geschlechts sind eher unscheinbar gelb und erscheinen vor den Blättern im April. Die gelben bis orangeroten Früchte – sogenannte Schein-Steinfrüchte mit einem einzigen Samenkern pro Frucht –, die in dicken Trauben an den Zweigen der weiblichen Sträucher sitzen, leuchten weithin sichtbar von August bis Dezember.

STANDORT

Der Dünendorn – wie er auch genannt wird – mag sandige, lockere Böden und trägt durch sein weit verzweigtes Wurzelwerk zur Bodenbefestigung bei. Man findet ihn an Flussufern, auf Schotterhängen, kiesigen Flächen und an Meeresküsten; vom Flachland bis hinauf in die Alpen auf 1800 Meter.

HEILWIRKUNG

Die Früchte sind reich an Vitamin C, A und E, Beta-Carotin, Flavonen, ätherischen Ölen sowie Gerbstoffen und punkten demzufolge als »schnelle Einsatztruppe« bei Vitaminmangel, Schwächezuständen, zur Rekonvaleszenz und Steigerung des Immunsystems, bei Erkältungskrankheiten und sogar bei Magen- und Darmstörungen. Sanddorn-Öle sind reich an mehrfach ungesättigten Fettsäuren; das Fruchtfleischöl wird als hochwertiges Nahrungsergänzungsmittel eingesetzt, zum Beispiel bei veganer Ernährung. Äußerlich angewendet, wird das Öl aus Kernen und Fruchtfleisch für die Haut zu einem Wellnesstrip.

VERWENDUNG IN DER KÜCHE

Als Tee, Saft, Likör, Marmelade, Mus, Aufstrich, Gemüsebeilage, Sauce – bei dieser Vielzahl an Möglichkeiten braucht es nur ein wenig Entdeckergeist!

SAMMELZEIT

Von August bis Oktober/November ist die Frucht für uns genießbar. Danach wird sie matschig und faulig.

Zanderfilet mit Sanddorn-Honig-Sauce

ZUTATEN

- 1 Handvoll Sanddornbeeren
- 1 EL Sanddorn-Saft
- 1 gr. Zwiebel
- 3 EL Butter
- 2 EL Weißwein
- ½ Glas Fischfond
- 4 cl Noilly Prat
- 2 EL Sahne
- ½ TL Honig
- Salz
- frisch gemahlener Pfeffer
- Saft von ½ Zitrone
- 4 küchenfertig zubereitete Zanderfilets
- etwas Mehl

Die Zwiebel schälen, würfeln und in 1 Esslöffel Butter anschwitzen. Mit Wein und Fischfond ablöschen und etwas einkochen lassen. Noilly Prat, Sahne, Sanddorn-Saft und die verlesenen, gewaschenen Sanddornbeeren zugeben und für weitere 15 Minuten köcheln lassen. Die Sauce mit Honig, Salz, Pfeffer und Zitronensaft abschmecken, beiseite stellen.

Die Fischfilets mit Salz und Pfeffer würzen und in Mehl wenden. In einer heißen Pfanne mit 1 Esslöffel Butter zunächst auf der Hautseite für 2 Minuten anbraten, dann wenden und für weitere 2 Minuten auf der anderen Seite braten.

Nun die Sauce mit 1 Esslöffel Butter montieren und mit dem Stabmixer schaumig aufschlagen.

Die Fischfilets mit der knusprigen Hautseite nach oben auf vorgewärmten Tellern anrichten und die Sanddorn-Honig-Sauce daneben aufgeben.

Dazu passt wunderbar ein Wildkräuterrisotto.

Sanddorn-Powerdrink

ZUTATEN

Für 2 Personen

- 100 ml Sanddorn-Saft
- 2 EL Sanddorn-Honig
- 1 Banane
- 100 g Waldbeeren (frisch oder TK)
- 100 g Sahnejoghurt
- 5 Eiswürfel

Die Banane schälen und würfeln.

Sanddorn-Saft, -Honig, Waldbeeren, Joghurt und Eiswürfel in einen Mixer geben und so lange mixen, bis Beeren und Eis fein zerkleinert sind.

Die Bananenwürfel zufügen und nochmals pürieren.

In hohen, mit Früchten dekorierten Gläsern servieren – ein wahrer Powerdrink, der sofort munter macht!

Sanddorn-Karotten-Suppe

Das Gemüse waschen, putzen, schälen und in kleine Stücke schneiden. Die Brühe mitsamt dem Gemüse erhitzen und kurz aufkochen lassen; es reichen zum Garen wenige Minuten.

Anschließend das Gemüse mit dem Pürierstab so lange zerkleinern, bis eine »glatte« Suppe entstanden ist. In die heiße, nicht mehr kochende Suppe das Sanddorn-Mark einrühren und mit Salz und Pfeffer würzen.

Die Brotscheiben entrinden und würfeln. Die Butter in einer Pfanne erhitzen und darin die Brotwürfel anrösten. Das Eigelb mit der Sahne verquirlen und zum Binden in die Suppe einrühren.

Vor dem Servieren mit der Petersilie und den Brotwürfeln bestreuen.

ZUTATEN

4 EL Sanddorn-Mark
750 g Karotten
1 Stange Lauch
200 g Sellerie
1 l Gemüsebrühe (selbst zubereitet oder aus dem Glas)
Salz
frisch gemahlener weißer Pfeffer
2 Scheiben Weißbrot
2 EL Butter
1 Eigelb
2 EL Schlagsahne
1 EL fein geschnittene Petersilie

Sanddorn-Schoko-Muffins

Den Backofen auf 180 °C vorheizen. Butter, Zucker und Eier in einer Schüssel sehr schaumig rühren. Das Mehl mit dem Backpulver vermischen, zugeben und unterrühren; ebenso die Milch. Nun die Schokolade klein hacken und zufügen. Zum Schluss das Sanddorn-Mus und die Sanddorn-Konfitüre ergänzen. Sämtliche Zutaten zu einem homogenen Teig verrühren.

Die Mulden der Muffinsform einfetten und den Teig portionsweise hineinfüllen. Im vorgeheizten Backofen circa 15 Minuten backen.

Die Muffins noch warm aus der Form nehmen und mit Puderzucker bestreuen.

ZUTATEN

100 g Sanddorn-Mus
100 g Sanddorn-Konfitüre
125 g warme Butter
125 g Zucker
2 Eier (Gew.-Kl. M)
250 g Mehl
1 Päckchen Backpulver
5 EL Milch (3,5 % Fett)
50 g weiße Schokolade
2 EL Puderzucker
etwas Butter für die Form

Sanddorn-Kürbis-Gemüse

ZUTATEN

- 0,5 l Sanddorn-Saft
- 1,5 kg Sanddornbeeren
- 750 g Hokkaido-Kürbis
- 2 gelbfleischige Süßkartoffeln
- 2 Zwiebeln
- ½ Knoblauchzehe
- ½ rote Chilischote
- 2 EL Öl
- 150 g gewürfelter Speck
- 1 TL Currypulver
- 1 l Hühner- oder Gemüsebrühe
- 250 ml Apfelsaft
- Salz
- frisch gemahlener Pfeffer
- 2 säuerliche Äpfel
- 1 EL Butter

Die Sanddornbeeren verlesen und waschen, im Sanddorn-Saft einmal aufkochen und den Sud beiseite stellen.

Den Kürbis und die Süßkartoffeln putzen, waschen und grob würfeln. Die Zwiebeln und die Knoblauchzehe schälen und in dünne Streifen schneiden. Die Chilischote längs einritzen, die Kerne auskratzen und ebenfalls in feine Streifen schneiden.

Öl in eine große Kasserolle geben, erhitzen, die Speckwürfel zufügen und goldbraun braten. Zwiebel, Knoblauch, Kürbis, Süßkartoffeln und Currypulver dazugeben; Gemüse andünsten. Chili ergänzen und alles für 5 Minuten schmoren lassen. Mit der Brühe und dem Apfelsaft ablöschen, kräftig würzen und nochmals für 30 Minuten köcheln lassen.

Zwischenzeitlich die Äpfel schälen, in Scheiben schneiden, in einer Pfanne mit Butter kurz anbraten und ganz zum Schluss zum Gemüse geben.

Den Sanddorn-Sud erwärmen. Die eine Hälfte zum Gemüse geben und vorsichtig unterziehen, die andere Hälfte in einer kleinen Schüssel separat reichen.

Mit einer Scheibe Vollkornbrot dazu ist es ein fruchtig-vollwertiges Gericht – und ohne Speck ein feines vegetarisches!

SANDDORN-KÜRBIS-GEMÜSE

Echte Mehlbeere

Sorbus aria

EIN STATTLICHER BAUM, DER ECHTE BEEREN TRÄGT

Dieser allein schon optisch beeindruckende Vertreter der Gattung Mehlbeere – eine reich verzweigte Sippschaft mit etwa 100 Arten – kann bis zu zehn Meter hoch und 200 Jahre alt werden. Ein reichhaltiges Beerenangebot in luftiger Höhe wird uns da gemacht!

Die Echte Mehlbeere besitzt derbe, fast eiförmige Blätter, die Oberseiten dunkelgrün glänzend und die Unterseiten dicht weiß-filzig. Die weißen Blüten zeigen sich in dichten Dolden von Mai bis Juni. Die rötlichen Beeren erscheinen Ende August; man kann sie pflücken bis in den späten Herbst hinein, manchmal noch im November. Die kleinen Äpfeln ähnelnden Früchte hängen in großen Büscheln an den Zweigenden. Jede einzelne Frucht trägt rund um die ursprünglichen Blütenstände ein kleines weißes Krägelchen – ein gutes Unterscheidungsmerkmal gegenüber den zahlreichen anderen Sorbus-Arten.

Diese Wildfrucht wird zu Unrecht so wenig beachtet. Anfangs schmeckt sie zwar noch etwas fad und mehlig – dieser mehlähnlichen Konsistenz verdankt der Baum seinen Namen –, aber bereits nach dem ersten Nachtfrost bekommen die Beeren eine angenehm nussig-süße Note. Im Gegensatz zur Vogelbeere (die ebenfalls zur Gattung Mehlbeere, Sorbus, zählt) kann man die Früchte der Echten Mehlbeere sogar roh essen, ohne allzu starkes Bauchgrimmen befürchten zu müssen – wir empfehlen trotzdem, nur davon zu naschen, das gilt für Kinder wie Erwachsene.

STANDORT

Der Steckbrief des »Mehlbeer-Baums«: frosthart, wärme- und hitzeverträglich, gern auf schwach sauren, stark kalkhaltigen, felsigen Böden wachsend, kurzum: sehr anpassungsfähig. In kultivierter Form beeindruckt die Mehlbeere häufig als Straßenbaum und in Parks.

HEILWIRKUNG

Die Beeren enthalten reichlich Vitamin C, Provitamin A, Pektin, Apfel- und Zitronensäure. Sie wirken positiv bei Verdauungs- und Nierenproblemen und Rheumabeschwerden.

Herstellung des Hutzelbrot-Mehls (Rezept Seite 105): Früchte der Mehlbeere weich kochen und durch ein Sieb passieren. Mus in eine ofenfeste flache Form füllen und langsam im Backofen bei 50 °C komplett durchtrocknen lassen. Zerstoßen in einem dicht verschließbaren Glas aufbewahrt, eignet sich das Mehl vortrefflich für die Weihnachtsbäckerei.

VERWENDUNG IN DER KÜCHE

Zusammen mit anderen säuerlichen Früchten mundet die Mehlbeere in Marmeladen, Gelees, Chutneys, sie dient zur Essigherstellung und punktet mit ihrem Geschmack in Saucen, als Trockenfrucht und im berühmten Hutzelbrot.

SAMMELZEIT

Beste Erntezeit der Beeren: von September bis Anfang November. Mangelt es in dieser Zeit an Frösten, dann hilft ein Trick: die Früchte einfach kurz ins Gefrierfach legen.

SÜSSE MEHLBEEREN-SUPPE

Süße Mehlbeeren-Suppe

Die Mehlbeeren von den Stielen befreien, waschen und abtropfen lassen. Die Milch zum Kochen bringen und die Mehlbeeren darin weich kochen. Wie lange das dauert, ist abhängig von der Erntezeit der Beeren (je früher man sammelt, desto härter sind die Beeren); man muss also zwischendurch probieren.

Vom Herd nehmen, etwas abkühlen lassen und die Beerenmilch durch ein Sieb in einen Kochtopf passieren. Erneut auf den Herd stellen, mit Zucker und Vanillinzucker süßen – und die Prise Salz nicht vergessen! Die Rosinen und die Mandeln zufügen, das Ganze aufkochen lassen und mit dem zuvor kalt angerührten Stärkemehl binden.

Vor dem Servieren die gerösteten Weißbrotwürfel über die Suppe geben.

ZUTATEN

- 500 g Mehlbeeren
- 1 l Milch
- 100 g Zucker
- 3 Päckchen Vanillinzucker
- 1 Prise Salz
- 100 g Rosinen
- 50 g gehackte Mandeln
- 1 EL Speisestärke
- 250 g geröstete Weißbrotwürfel

Würziges Mehlbeeren-Hutzelbrot

EINE BESONDERE VARIANTE DES BELIEBTEN SÜDDEUTSCHEN FRÜCHTEBROTS

Die Trockenfrüchte in einer Schüssel 3 bis 4 Stunden in 750 ml warmen Wasser einweichen lassen. Den Schüsselinhalt durch ein Sieb gießen, dabei das Einweichwasser auffangen, beides beiseitestellen.

Während der Einweichzeit der Trockenfrüchte wird das Mehlbeeren-Mehl wie beim Porträt (siehe Seite 103) beschrieben hergestellt. Man benötigt für das Hutzelbrot 300 Gramm des Früchtemehls.

Die Hefe in einem Schälchen zerbröseln und mit dem Zucker sowie etwas Einweichwasser glatt verrühren. In einer großen Schüssel das Dinkelmehl und das Mehlbeeren-Mehl vermischen. Die Hefe, die Mandeln und Nüsse, die Gewürze, den Zitronensaft und -abrieb sowie den Honig zugeben und alles sorgfältig unterheben. Zum Schluss die eingeweichten Früchte ergänzen und alles zu einem geschmeidig-festen Teig verkneten; falls Letzterer zu fest gerät, peu à peu ein wenig (!) von dem beiseite gestellten Einweichwasser zugeben, falls er zu weich wird, ein wenig Mehl ergänzen.

Den Teig abgedeckt an einem warmen Ort 2 bis 3 Stunden gehen lassen.

Den Backofen rechtzeitig auf 200 °C vorheizen. Den Teig auf 2 gebutterte Kastenformen verteilen und auf mittlerer Schiene 50 Minuten lang backen.

Aus dem Ofen und aus der Form nehmen und die noch heißen Hutzelbrote mit dem fruchtig-süßen Einweichwasser bepinseln.

ZUTATEN

Für 2 Kastenbrote

- 700–800 g Mehlbeeren (für die Mehlherstellung, siehe Seite 103)
- 1,3 kg gemischte Trockenfrüchte (Birnen, Äpfel, Feigen, Pflaumen, Korinthen, Aprikosen)
- 1 Würfel Hefe
- 50 g Zucker
- 600 g Dinkelvollmehl
- 150 g geschälte Mandeln
- 150 g Walnüsse
- 150 g Haselnüsse
- ½ TL gemahlener Zimt
- ½ TL gemahlene Nelken
- 2 TL Lebkuchengewürz
- 3 EL Zitronensaft
- abgeriebene Schale von 1 unbehandelten Zitrone
- 1 EL Honig

Hagebutte

Rosa canina

DER HUNDSGEMEINE SCHLAFDORN

Ein Männlein steht im Walde ganz still und stumm, / Es hat von lauter Purpur ein Mäntlein um. / Sagt, wer mag das Männlein sein, / Das da steht im Wald allein / mit dem purpurroten Mäntelein. / (...) / Kann nur die Hagebutte sein.

Was Hoffmann von Fallersleben da in seinem Lied so lyrisch besingt, das klingt, wenn man den Namen dieses bis zu 3 Meter hoch werdenden Strauches »übersetzt«, weitaus schlichter. Der Bestandteil Hag- verweist auf das Vorkommen der Hagebutte: Sie umfriedet in dichten Hecken ein Gelände, und dieses Gehege wiederum hieß im Germanischen Hag. Und die Butten, von süddeutsch Butzen, was so viel bedeutet wie »Verdickungen«, das sind die weithin leuchtenden roten Scheinfrüchte mit den vielen kleinen Nüsschen im Innern, die sich so gut als unangenehmes Juckpulver eignen. Streng genommen bezeichnet »Hagebutte« nur die roten Früchte vor allem der Hundsrose oder Gemeinen Heckenrose, der Rosa canina; doch hat sich dieser Name landläufig eingebürgert für früchtetragende Wildrosen allgemein. Der Beiname canina bedeutet so viel wie »hundsgemein«, aber im Sinne von: sehr häufig vorkommend, weitverbreitet.

Die volkstümliche Bezeichnung Schlafdorn, wie die Heckenrose wegen ihrer Dornen vor allem in früheren Zeiten oft genannt wurde, führt uns unmittelbar ins Land der Sagen und Märchen. Im »Nibelungenlied« wird erzählt, dass Odin die ungehorsame Brünhild mit einem Schlafdorn gestochen haben soll und sie fortan nur von einem Mann mit bestimmten Eigenschaften erweckt werden könne. Ein ähnliches Motiv finden wir im Märchen von Dornröschen: Auch dort spielt ein »Schlafdorn« eine wichtige Rolle, die Spindel nämlich, mit der sich die Prinzessin in den Finger sticht und wodurch sie 100 Jahre lang tief schläft, um dann von einem Prinzen wach geküsst zu werden.

Für unsere Küche ist die Hagebutte ein wahrer Schatz, zumal sich der hohe Vitamin C-Gehalt beim Erhitzen nicht verflüchtigt.

STANDORT

Die Artenbezeichnung canina, hundsgemein, sagt alles: Sie ist (fast) überall zu finden. Dabei liebt sie lehmige, feste Böden, Wald-, Feld- und Wegränder. In Gesellschaft anderer Gehölze fühlt sie sich ebenfalls wohl.

HEILWIRKUNG

Hier ist die Hagebutte mit ihren Gaben eine echte Zauberin. Allein ihr immenser Vitamingehalt macht sie zu einer der wichtigsten Pflanzen im Naturgarten. Dazu kommen noch Pektide, Flavonoide, Mineralstoffe und ätherische Öle. Sie hilft in den verschiedensten Zubereitungsformen bei Blasen- und Nierenleiden, bei Arthrose-Erkrankungen, wirkt heilend auf die Haut und fördert den Appetit.

VERWENDUNG IN DER KÜCHE

Als Mus, Marmelade, Konfekt und Suppe, als Beilage und in Saucen.

SAMMELZEIT

Die Blätter ab Mai; die Blüten von Juni an; die Hagebutten ab September. Letztere sind bis in den späten Herbst hinein und selbst im Winter noch genießbar, da sie an den Ästen hängen bleiben.

Hagebutten-Mark

DER GRUNDSTOCK VIELER HAGEBUTTEN-REZEPTE

Das Mark der Früchte – auch Mus genannt – spielt eine wichtige Rolle bei unseren »Küchenzaubereien«. Bei dessen Zubereitung empfiehlt es sich dringend, Handschuhe zu tragen, denn die feinen Haare im Inneren der Früchte jucken ganz gemein.

Zunächst die Hagebutten waschen und die Stiele sowie die kleinen schwarzen Blütenreste entfernen. Dann die Früchte halbieren und mit einem kleinen Löffel die fürs Mus unerwünschten »Kerne« und die unangenehmen Härchen herauskratzen.

Die restlichen Fruchthälften über Nacht in Wasser einweichen lassen – sie sollten gerade eben bedeckt sein – und am nächsten Tag im selben Wasser 30 Minuten lang weich kochen.

Vom Herd nehmen und etwas abkühlen lassen, dann durch ein Sieb streichen. Als Ergebnis haben wir nun das Hagebutten-Mark, das sich auf vielerlei Art weiterverwenden lässt.

1 Kilogramm ausgehöhlte Hagebutten-»Fruchtschalen« ergibt knapp 1 Kilogramm Hagebutten-Mark, da die dünnen Schalen kaum einen Gewichtsfaktor darstellen.

Pikante Hagebutten-Sauce

ZUTATEN

- 250 g Hagebutten-Fruchtschalen
- 150 g Honig
- 50 ml Apfelessig
- 100 g Ahornsirup
- 2 EL Zitronensaft
- ½ TL Zimt
- 50 ml feinherber Roséwein
- 50 ml Schlagsahne
- 1 Prise Salz

Honig, Essig, Sirup, Zitronensaft und Zimt in einen Kochtopf geben und kurz aufkochen lassen.

Die ausgehöhlten Hagebutten-Fruchtschalen (ohne vorheriges Einweichen über Nacht) zugeben und 15 bis 20 Minuten lang weich köcheln lassen.

Den Roséwein zugießen, umrühren. Die Sahne steif schlagen und unterheben.

Alles gut durchrühren und zum Schluss mit einer Prise Salz abrunden.

Diese herbsüße Sauce passt wunderbar zu Geflügel und Wild.

Hagebutten-Variante der Sauce Cumberland

ZUTATEN

- 300 g Hagebutten-Mark
- 1 unbehandelte Zitrone
- 1 unbehandelte Orange
- 4 Stück Würfelzucker
- ⅛ l Rotwein
- 1 TL milder Senf
- 1 Prise Salz

Zitrone und Orange sorgfältig waschen und trocknen. Den Würfelzucker von allen Seiten kräftig an der Zitrone reiben, sodass deren Schale an den Zuckerstücken hängen bleibt. Die Zitrone im Anschluss auspressen.

Die Schale der Orange hauchdünn abschälen und in feine Streifen schneiden. Die Orange ebenfalls auspressen.

Würfelzucker, Orangenschale und Rotwein aufkochen und einige Minuten köcheln lassen, bis die Orangenschale weich ist. Vom Herd nehmen und den Sud abkühlen lassen.

Das laut Grundrezept (siehe Seite 108 oben) zubereitete Hagebutten-Mark zugeben und sorgfältig verrühren. Nach und nach abwechselnd so viel vom Zitronen- und Orangensaft zugießen, bis eine sämige Konsistenz erreicht ist. Zwischendurch immer wieder abschmecken, damit die Sauce nicht zu »zitronenlastig« gerät. Zum Schluss mit Senf und Salz abschmecken.

Eine köstliche Sauce zu Wildgerichten!

Hagebutten-Suppe

EIN TRADITIONSREICHES REZEPT AUS FRANKREICH

ZUTATEN

- 200 g Hagebutten-Mark
- 20 g Hagebutten-Fruchtschalen
- 1 mittelgr. säuerlicher Apfel
- ½ l feinherber Roséwein
- 1 TL Zimt
- 2 EL unraffinierten Rohrzucker
- 1 TL Kartoffelstärke

Das Hagebutten-Mark wird gewonnen, wie im gleichnamigen Grundrezept (siehe Seite 108 oben) beschrieben.

Den Apfel schälen, entkernen und grob reiben; wir benötigen für die Suppe 100 Gramm.

In einer Kasserolle das Hagebutten-Mark mit dem geriebenen Apfel vermischen. Den Wein – dabei circa ⅛ Liter zurückbehalten! – zugießen, umrühren und die Suppe erhitzen. Das Zimtpulver und 1 Esslöffel Rohrzucker zugeben.

Zwischenzeitlich in einem zweiten kleinen Kochtopf die Hagebutten-Fruchtschalen (ohne vorheriges Einweichen über Nacht) mit 1 Esslöffel Rohrzucker im restlichen Roséwein 15 bis 20 Minuten weich kochen. In die größere Kasserolle umfüllen.

Die Kartoffelstärke in etwas kaltem Wasser auflösen und in die Suppe einrühren. Zum Binden noch einmal aufkochen lassen und heiß servieren.

Kleine Mandelmakrönchen »on top« gehen mit ihrem leichten Bittermandelaroma eine köstliche Geschmacksallianz mit der herbsüßen Hagebutte ein.

Variationen von Hagebutten-Aufstrich

ZUTATEN

- 500 g Hagebutten-Fruchtschalen
- 300 g Weißdornbeeren
- 1 TL fein gemörserter Koriander
- ½ TL Zimtpulver
- 1 EL Ahornsirup
- 1 TL Zitronensaft
- 1 Paket Gelierzucker 3:1

HAGEBUTTEN-WEISSDORN-AUFSTRICH

Die ausgehöhlten Hagebutten-Fruchtschalen und die geputzten Weißdornbeeren in einen Kochtopf geben und knapp mit Wasser bedeckt in 15 bis 20 Minuten weich kochen. Danach durch ein Sieb passieren.

In das so gewonnene Mus das Koriander- sowie das Zimtpulver, den Sirup und den Zitronensaft rühren. Das Fruchtmus muss nun zunächst gewogen werden, damit man die entsprechende Menge Gelierzucker berechnen kann (»Gelier zucker 3:1« bedeutet: 3 Teile Frucht und 1 Teil Zucker). Beispielrechnung: Mus in Gramm geteilt durch 3 gleich Zuckermenge. Also beispielsweise: 900 Gramm : 3 = 300 Gramm.

Das Fruchtmus in eine größere Kasserolle füllen, die ermittelte Menge Gelierzucker unterrühren, zusammen aufkochen und einige Minuten (siehe Angaben auf dem Gelierzucker) unter Rühren kochen lassen.

Sofort heiß in saubere, verschließbare Gläser füllen.

HAGEBUTTEN-VOGELBEER-AUFSTRICH

Bei dieser Variante ersetzt man die Weißdorn-Beeren durch die gleiche Menge Vogelbeeren. Ansonsten verfährt man wie oben.

HAGEBUTTEN-HOLZBIRNEN-AUFSTRICH

Hier nimmt man anstelle der Weißdornbeeren die gleiche Menge Holzbirnen, und zwar geschält, entkernt und in kleine Stücke geschnitten. Das übrige Procedere ist gleich.

VARIATIONEN VON HAGEBUTTEN-AUFSTRICH

Wildbirne

Pyrus pyraster

DER MAGISCHE BAUM

Die Wildbirne mit ihrer grauen, kleinschuppigen Rinde, den eiförmigen, glänzenden, fein gesägten Blättern und den dornenbewehrten Ästen galt in der Mythologie als Hausbaum von Dämonen, Drachen und Hexen – sie war ein »Furchtbaum«. Dabei hätte das Gehölz eher das Prädikat »ökologisch wertvoll« verdient: Die Blüten und Triebe sind wichtig für Insekten und die Früchte dienen vielen Tieren, wie Dachs, Igel, Marder und Siebenschläfer, als Nahrung. Letzteres ist sogar eine mögliche Erklärung für das Unheimliche, das man der Wildbirne lange angedichtet hat, denn Nachttiere sind, wenn sie sich auf der Suche nach Essbarem tummeln, oft laut und polterig, machen merkwürdige Geräusche.

Der Birnbaum symbolisiert seit jeher das Männliche, im Gegensatz zum Apfelbaum, der die weibliche Seite verkörpert. Zusammen bilden sie seit Menschengedenken ein unzertrennliches Paar, das in der Natur oft Seite an Seite steht.

In den urgeschichtlichen Pfahlbauten-Siedlungen fand man bei den Lagerstätten der Menschen unter anderem Belege von Steinzellen, die aus der Wildbirne stammen. Es handelt sich dabei um besonders dichte Zellwände, die noch heute in Birnen zu finden sind. Diese »holzigen« Zellwände standen vermutlich Pate für ihren zweiten Namen: Holzbirne. Sehr viel später dann gelangte die Birne auf Umwegen von Asien zu uns. Im frühen Griechenland hieß der Peloponnes »Apia«, das Birnenland.

Die Wildbirne ist ein Frühblüher, weshalb sie mit manchmal auftretenden Spätfrösten zu kämpfen hat. Ihre Früchte sind roh sehr holzig und laden nicht zum Genuss ein, doch gekocht geben sie ein feines, ausgewogenes Aroma. Im norddeutschen Raum genießt die Birne einen guten Ruf in der »kulinarischen Institution« Birnen, Bohnen und Speck. Dieses Gericht ist so lecker, dass auch die Süddeutschen gerne mitessen.

STANDORT

Die Wildbirne ist anpassungsfähig, verträgt Hitze, mag aber weder späte Fröste noch nasse Standorte. Leider steht sie mittlerweile in einigen Bundesländern auf der Roten Liste gefährdeter Arten.

HEILWIRKUNG

Die Blüten ergeben einen wirksamen Tee gegen Blasen- und Nierenleiden. Die Birnen sind reich an Mineral- und Gerbstoffen, Pektin und Kalium; sie wirken entwässernd, harntreibend und beruhigend, ihr Saft dient als Kur zur allgemeinen Entgiftung.

VERWENDUNG IN DER KÜCHE

In Marmeladen und Süßspeisen, als Chutney und Beilage zu deftigen, herzhaften Gerichten.

SAMMELZEIT

Die Blüten Anfang April; die Früchte von September bis Ende Oktober.

BIRNEN, BOHNEN UND SPECK

Birnen, Bohnen und Speck

EINE NORDDEUTSCHE INSTITUTION

Den Speck zunächst in 1 Liter Salzwasser aufsetzen und für gut 1 Stunde weich kochen.

In der Zwischenzeit die Kartoffeln schälen, vierteln und in Salzwasser gar kochen; warm stellen. Ebenfalls die Bohnen waschen und putzen.

Dann die Birnen waschen und trocken tupfen. 2 für die Garnierung ganz lassen, die übrigen 8 Birnen schälen, halbieren und entkernen. Sofort mit Zitronensaft beträufeln, damit die Früchte nicht braun anlaufen.

Nach der Garzeit des Specks diesen herausschöpfen und beiseitestellen. Die noch kochende Speckbrühe mit Essig, 1 El Zucker, Pfeffer und Salz würzen. Die Bohnen, das verlesene Bohnenkraut sowie die beiden ganzen Birnen hineingeben und im Sud zunächst für 10 Minuten köcheln lassen. Danach die Birnen-Hälften dazulegen und das Ganze für weitere 10 Minuten garen.

Zwischenzeitlich den restlichen Zucker mit der gleichen Menge Wasser aufgekochen. Diesen heißen sogenannten Läuterzucker gibt man über die Preiselbeeren und lässt sie durchziehen.

Die Zwiebeln schälen, in Ringe schneiden und in einer heißen Pfanne mit dem Öl anschwitzen. Die Zwiebelringe an den Rand schieben, den Speck dazugeben und kross anbraten.

Zum Anrichten kommen zunächst die Bohnen in eine weite Schüssel oder auf eine tiefe Platte, darauf platziert man die 16 Birnen-Hälften und den Speck. Die Preiselbeeren werden in die Höhlungen der halbierten Birnen gefüllt. Als Letztes die Kartoffelviertel anrichten und das Gericht mit den ganzen Wildbirnen dekorieren.

ZUTATEN

- 10 Holzbirnen
- 800 g durchwachsener, in Scheiben geschnittener Speck (wichtig: luftgetrockneter, nicht vakuumiert)
- 8 gr. festkochende Kartoffeln
- 1 kg grüne Bohnen
- Saft von ½ Zitrone
- 3 EL Essig
- 4 EL Zucker
- Pfeffer aus der Mühle
- Salz
- 1 Bund Bohnenkraut
- 1 Handvoll Wilder Preiselbeeren
- 2 Zwiebeln
- 1 EL Öl

Wildbirnen-Chutney

Die Wildbirnen waschen, schälen, entkernen und würfeln. Die Würfel in eine größere Kasserolle geben und so viel Wasser ergänzen, dass sie gut bedeckt sind.

Die Zwiebeln und die Knoblauchzehen schälen und fein hacken. Die Peperoni entkernen und in feine Streifen schneiden.

Diese drei Zutaten sowie den Sherry, den Weinessig, den Rohrzucker, das Salz sowie Pfeffer nach Geschmack ebenfalls in den Kochtopf geben. Alles gut durchmischen und circa 30 Minuten bei mittlerer Hitze dünsten lassen. Dabei dickt die Masse aufgrund des Pektingehaltes der Birne gut ein.

Das heiße Chutney in saubere Gläser mit Deckel füllen, diese sofort verschließen und auf den Kopf stellen zum Auskühlen.

Das Chutney schmeckt köstlich zu Gegrilltem und Gebratenem.

ZUTATEN

- 1 kg Wildbirnen
- 1 kg Zwiebeln
- 4 Knoblauchzehen
- 2 Peperoni
- ⅛ l süßer Sherry
- 4 EL Weinessig
- 4 EL Rohrzucker
- 40 g Salz
- frisch gemahlener weißer Pfeffer

Echte Walnuss

Juglans regia

DIE WELSCHE ZAUBERNUSS

Archäologische Funde belegen, dass die Walnuss schon vor gut 9000 Jahren als Nahrungsmittel diente. Was wiederum beweist: Gutes hält sich. Laut der »Naturalis historia« aus der Feder des Römers Plinius d. Ä. brachten die Griechen im 7. bis 5. Jahrhundert vor Christus diese Nuss nach Europa. Ihr ursprünglicher Name dios balanos bedeutet: die Eichel Zeus'. Die Römer wiederum zollten Jupiter Ehre und nannten sie Iovis glans: die Jupiter-Nuss. Daraus wurde dann die heute verwendete Gattungsbezeichnung Juglans, zu der Carl von Linné 1753 noch den Artennamen regia, königlich, hinzufügte. Kurzum: Diese »mythische Nuss« wurde zu allen Zeiten gepriesen und verehrt und galt als Symbol der (königlichen) Fruchtbarkeit.

Ein ausgewachsener Walnussbaum kann bis zu 30 Meter hoch werden. Seine grüne Pracht zeigt er sehr spät und wirft sie ebenso früh wieder ab. Zerreibt man eines der fiedrigen Blätter, zieht ein wunderbar aromatischer Duft in die Nase. Das allerdings müssen Insekten ganz anders empfinden, denn sie meiden das gerbstoffreiche Laub des Walnussbaumes – weshalb der Baum auch gern auf Bauernhöfen gepflanzt wird, um Fliegen zu vertreiben.

Ob es sich bei der Walnuss um eine Steinfrucht oder eine Nuss handelt, stand lange zur Diskussion, ist mittlerweile aber zugunsten der Nuss wissenschaftlich eindeutig geklärt – der »Deutsche Nusskatalog« zählt über 100 kultivierte Walnuss-Sorten hierzulande auf.

In unserer Küche allerdings geht es um die freie, wilde Echte Walnuss mit den kleineren köstlichen Nüssen. Wissenschaftliche Untersuchungen haben ergeben, dass mit dem Verzehr von neun Walnüssen und einem Teelöffel Walnuss-Öl täglich der Körper gut gegen hohen Blutdruck infolge von Stresssituationen geschützt werden kann. »Gesundheitspolizei« und Gaumenschmaus in einem – die Walnuss ist eine der vielseitigsten Früchte, die uns die Natur bietet.

STANDORT

Der Walnussbaum liebt tiefgründigen, nährstoffreichen Boden. Da er empfindlich gegen Winterkälte und Spätfröste ist, siedelt er gern in wintermilden, nicht zu niederschlagsarmen Gegenden; Weinbaugebiete liegen ihm dabei besonders.

HEILWIRKUNG

Die Walnuss besitzt unter den Nüssen den höchsten Gehalt einer für das Herz wichtigen Linolensäure (Omega-3-Fettsäure). Sie enthält zudem eine Gruppe wichtiger Vitamin E-Formen sowie Vitamin A, B1, B2, B3, Vitamin C, Magnesium, Zink, Eisen und Calcium. Festgestellt wurde auch eine schützende Wirkung gegen Diabetes Typ 2. Insgesamt hat die Walnuss einen positiven Effekt bei Herz-Kreislauf-Erkrankungen.

VERWENDUNG IN DER KÜCHE

Gesundheit und Genuss gehen Hand in Hand: köstlich in Kuchen, Brot und Eis, als Öl und als Bratenkruste; eine Delikatesse als schwarze Nuss bis hin zum Nusslikör.

SAMMELZEIT

Die Früchte reifen von September bis Oktober. Sie sind zum Verzehr geeignet, wenn die grüne Haut, die sie umgibt, aufplatzt und sich die Nüsse lösen und auf den Boden fallen. Man muss sie von der Außenschale befreien und trocknen lassen.

WALNUSS-ROGGENBROT

Walnuss-Roggenbrot

Die Walnusskerne grob hacken. In einer großen Schüssel das Roggenmehl mit der Hefe und dem Sauerteigextrakt sorgfältig vermischen. Langsam unter Rühren 600 ml lauwarmes Wasser zugießen und alles zu einer homogenen Masse verarbeiten (hilfreich dabei: die Knethaken des Handmixers). Nun den Honig sowie Salz und Pfeffer ergänzen und zu einem glatten Teig verrühren. Zum Schluss die Walnusskerne unterheben.

Den Teig an einem warmen Ort so lange gehen lassen, bis er sein Volumen verdoppelt hat; das kann bis zu 1 Stunde dauern.

Danach den Teig erneut kräftig durchkneten (mit den Händen), daraus einen runden Laib formen und diesen auf ein gefettetes Backblech setzen. Mit einem Tuch abdecken und ein zweites Mal an einem warmen Ort gehen lassen, bis sich der Laib sichtbar ausgedehnt hat. Mit beiden Händen verpasst man ihm danach wieder seine runde Form und bestreicht ihn mit Wasser. Obenauf den Laib mit einem Messer einige Male schräg einritzen.

In der Zwischenzeit den Backofen auf 200 °C vorheizen. Den Laib in den Ofen schieben und eine mit Wasser gefüllte Tasse dazustellen. Gut 60 Minuten backen lassen.

Am Ende der Backzeit das Brot mit dem heißen Wasser aus der Tasse bestreichen. Im ausgeschalteten Ofen noch 10 Minuten ruhen lassen.

ZUTATEN

- 150 g Walnusskerne
- 750 g Roggenmehl (Typ 1150)
- 2 Päckchen Trockenbackhefe
- 2 Päckchen Sauerteigextrakt
- 2 TL Honig
- 1 EL Salz
- 1 TL Pfeffer

Feldsalat mit Walnüssen und Blauschimmelkäse

Essig, Salz, Pfeffer, Honig und Nussöl mit 3 EL Wasser zu einer Salatsauce verrühren.

Äpfel waschen, halbieren, entkernen und in dünne Schnitze schneiden. Darüber sofort die Salatsauce geben, damit der Apfel nicht braun wird.

Die Walnüsse in einer Pfanne mit 2 Esslöffel Öl anrösten, abkühlen lassen.

Den Blauschimmelkäse in dünne Scheiben schneiden und auf die Brotscheiben legen. Brot mitsamt Käse in Streifen schneiden.

Den Feldsalat putzen, waschen und gut abtropfen lassen. Die Chicorée längs halbieren und die Strünke entfernen. Portionsweise jeweils den Feldsalat und eine Chicoréehälfte anrichten, darauf die Apfelschnitze mitsamt der Salatsauce geben. Mit gerösteten Walnüssen bestreuen und mit den Käsebrotstreifen anrichten.

ZUTATEN

- 150 g Walnüsse
- 3 EL Weißweinessig
- Salz, Pfeffer
- 3 TL Honig
- 6 EL Walnussöl
- 2 aromatische Äpfel
- 2 EL Öl
- 100 g Blauschimmelkäse
- 2 Scheiben Vollkornbrot
- 150 g Feldsalat
- 2 Chicorée

Walnuss-Schoko-Tarte

ZUTATEN

150 g fein gehackte Walnüsse

Für den Teig
- 200 g Mehl
- 100 g Butter
- 60 g Zucker
- 1 Eigelb
- 1 EL Sauerrahm
- 1 Prise Salz

Für die Füllung
- 120 g Zartbitterschokolade (70 % Kakaoanteil)
- 100 g Butter
- 2 Eier (Gew.-Kl M)
- 100 g Zucker

Für das Baiser
- 1 Eiweiß
- 50 g Puderzucker
- Mehl zum Ausrollen

etwas weiche Butter für die Form

50 g Puderzucker zum Bestäuben

Die Teigzutaten miteinander verkneten und den Teig für 30 Minuten im Kühlschrank ruhen lassen.

Für die Füllung die Schokolade im Wasserbad schmelzen lassen, die Butter stückweise dazugeben und alles glatt verrühren. Die Eier trennen. Das Eiweiß sehr steif schlagen. Das Eigelb mit dem Zucker schaumig rühren. Beides zu der Schokomasse geben und unterheben.

Zum Schluss 100 Gramm gehackte Walnüsse unterziehen. Für das Baiser das Eiweiß sehr steif schlagen, den Puderzucker unterrühren und 50 Gramm Walnüsse unterheben.

Den Backofen auf 200 °C vorheizen. Eine Tarteform mit Butter einpinseln und dünn mit Mehl ausstreuen. Den Teig aus dem Kühlschrank nehmen und in der Form ausrollen, dabei einen Rand hochziehen. Hierauf die Füllung verteilen.

Die Tarte in den heißen Backofen stellen und für 25 Minuten backen. Dann die Temperatur herunterschalten auf 120 °C. Den Kuchen herausnehmen, die Baisermasse darauf verteilen und nochmals für 10 Minuten in den Ofen geben. Vor dem Servieren mit 50 Gramm Puderzucker bestäuben.

Schwarze Walnüsse

EINE SÜSS-EXOTISCHE DELIKATESSE

Im Juni werden die Walnüsse unreif (grün) vom Baum geerntet, gegart, mit Gewürzen eingelegt und können dann im Winter, wenn sie schwarz geworden sind, als süße Delikatesse genossen werden.

Die Walnüsse rundherum mit einer dicken Nadel einstechen und in eine große Schüssel legen. Dabei Handschuhe anziehen, sonst werden die Finger braun. Die Walnüsse gut mit kaltem Wasser bedeckt 3 Wochen lang an einem kühlen Ort stehen lassen; dabei zweimal am Tag das Wasser wechseln, zum Schluss das alte Wasser abgießen. Durch das Wässern verschwindet die Blausäure. Am Ende dieses Zeitraums sind die Nüsse bereits recht dunkel.

Reichlich frisches Wasser aufkochen und darin die Walnüsse 5 Minuten lang blanchieren, abgießen und kalt abspülen.

Erneut in einem Kochtopf 1 Liter Wasser sowie 100 Gramm Zucker zum Kochen bringen. Darin die Walnüsse für 10 Minuten köcheln lassen. Abgießen (das Zuckerwasser benötigen wir nicht mehr) und die Nüsse erneut mit kaltem Wasser abspülen, damit sie abkühlen, und in ein Gefäß geben.

Von der Zitrone die Hälfte der Schale dünn abschneiden.

Und wieder den Kochtopf mit 1 Liter Wasser füllen. Dort hinein gibt man 400 Gramm Zucker sowie sämtliche Gewürze und die Zitronenschale. Zusammen aufkochen lassen und den Sud heiß über die Walnüsse gießen. Über Nacht ziehen lassen.

Am nächsten Tag die Nüsse aus dem kalten Sud schöpfen, Letzteren nochmals aufkochen, danach abkühlen lassen und kalt über die Walnüsse gießen. Die Früchte ein zweites Mal über Nacht durchziehen lassen.

Zu guter Letzt die Walnüsse zusammen mit dem Sud sprudelnd aufkochen lassen. Anschließend die Nüsse in saubere Gläser mit Deckel füllen und mit dem Sud bedecken. Die Gläser dicht verschlossen an einem kühlen Ort 3 bis 4 Monate stehen lassen.

Im Winter sind die Nüsse fertig zum Verzehr. Man kann sie einzeln herausnehmen und in Scheiben schneiden. Die süße Delikatesse mundet köstlich zu Käse, Eis, Pasteten und Wild.

ZUTATEN

- ca. 30 unreife (grüne) Walnüsse
- 500 g Zucker
- 1 unbehandelte Zitrone
- 4 Nelken
- 4 Pimentkörner
- 10 Kubenpfefferkörner
- ½ Chilischote
- 1 Zimtstange
- 1 Lorbeerblatt
- 2 Sternanis

Vogelbeere

Sorbus aucuparia

EIN LEBENSBAUM FÜR DIE BUNTE VOGELSCHAR

Keiner der zahlreichen anderen »Fruchtbäume« kann als Nahrungslieferant und Nistplatz so punkten wie die Vogelbeere, auch Eberesche genannt: Allein mehr als 63 Vogelarten leben genüsslich von ihren Früchten – neben zahlreichen anderen (Säuge-)Tieren und Insekten. Das heißt für uns Sammler: bescheiden sein und genügend »Lebenselixier« am Baum hängen lassen.

Ihre Artenbezeichnung aucuparia (»au« = avis = der Vogel; »cuparia« = capere = fangen) deutet darauf hin, dass die Früchte der Vogelbeere als probates Lockmittel beim Vogelfang dienten – sozusagen die Kehrseite der Medaille.

Der Vogelbeerbaum ist von elegant-schlankem Wuchs. Die fiedrigen Blätter sind oben sommergrün und auf der Unterseite graugrün und haarig – wunderschön präsentieren sie sich im Herbst mit einer gelb- bis dunkelroten Färbung. Die weißen Doldenblüten geben einen unangenehmen Geruch ab, der allerdings viele Insekten anlockt. Die leuchtend roten Beeren sind botanisch gesehen Apfelfrüchte, die gewöhnlich drei Samen enthalten. Ab Herbst bis tief in den Winter hängen sie zur Freude der Tiere in Büscheln an den Ästen; uns Menschen schmecken die Früchte dann allerdings nicht mehr.

Wie viele ihrer »Baumgenossen« steht die Eberesche seit Jahrtausenden in dem Ruf, magische Kräfte zu besitzen. Bei den Germanen war sie dem Gott Thor geweiht, weil sie einst Thor aus einem reißenden Fluss gerettet haben soll, indem sie ihm ihre Äste zum Heraushangeln hinstreckte. Bei den Kelten zählte sie – wie die Walnuss – zu den Lebensbäumen, und heilige Stätten wurden oft mit einer Vogelbeere bepflanzt, weil sie vor Blitzschlag, bösen Geistern und Hexen schützte. In einem Grab aus der Bronzezeit fanden Archäologen neben Tierknochen auch Reste eines Ebereschen-Zweiges, vermutlich als Mittel zur Zauberabwehr.

Berühmtheit erlangt hat die Vogelbeere als wichtiger Bestandteil des aus dem Fichtelgebirge stammenden Magenbitters »Sechsämtertropfen«.

STANDORT

Sie ist anspruchslos und gedeiht fast überall. Wir finden sie an Hecken und Waldrändern, in Laub- oder Nadelwäldern.

HEILWIRKUNG

Roh verzehrt, enthalten die Früchte Parasorbinsäure, die zu Magenunverträglichkeit führen kann; durch Kochen wird diese aber abgebaut und die Beeren sind dann gut verträglich. Inhaltsstoffe: hoher Vitamin-C-Gehalt, des Weiteren Provitamin A, Sorbit (ein Zuckeraustauschstoff, wichtig für alle Diabetiker), Pektin, Bitterstoffe, ätherisches Öl. Früher kamen die Früchte bei Sängern zum Einsatz, denn sie sollen hilfreich bei Heiserkeit sein und die Stimmbänder vor zäher Verschleimung schützen. Noch heute lindern sie aufgrund ihrer Bitter- und Gerbstoffe Probleme des Verdauungssystems. Und auch bei Bronchitis- und Lungenbeschwerden hilft frisch gepresster Ebereschen-Saft mit Honig.

VERWENDUNG IN DER KÜCHE

Die Vogelbeere ist in der Küche ebenso vielseitig verwendbar wie in der Heilkunde: Ob süße oder herbe Geschmacksrichtung, sie bietet ein wahres Potpourri an Möglichkeiten – lediglich etwas Fantasie ist gefragt!

SAMMELZEIT

Die Früchte sind pflückreif ab August bis weit in den Herbst hinein.

Vogelbeer-Kürbis-Suppe

ZUTATEN

- 250g reife Vogelbeeren
- 800g Hokkaido-Kürbis
- 2 Zwiebeln
- Öl zum Andünsten
- 1,5 l naturtrüber Apfelsaft
- 2 Scheiben Toastbrot
- 50g Butter
- 1 TL Curry oder Kurkuma
- Salz
- frisch gemahlener weißer Pfeffer

Die entstielten Vogelbeeren mit Wasser bedeckt 30 Minuten lang köcheln lassen. Durch ein Sieb abgießen, das Kochwasser wegschütten und die Beeren durch das Sieb passieren. Das Mus beiseitestellen.

Den Kürbis waschen und oben am Stiel einen Deckel abschneiden. Danach vorsichtig aushöhlen: So viel Fruchtfleisch wie möglich herausholen, dabei aber eine genügend stabile Wand stehen lassen, damit sich die »Hülle« später als Suppenschüssel nutzen lässt.

Das Fruchtfleisch sorgfältig von Kernen befreien und in kleine Stücke schneiden. Die Zwiebeln schälen und in kleine Würfel schneiden. In einem Kochtopf etwas Öl heiß werden lassen und darin die Zwiebel glasig dünsten und leicht anbräunen. Das Kürbisfleisch zugeben und kurz mitdünsten lassen. Mit dem Apfelsaft ablöschen und weitere 15 Minuten lang köcheln lassen. Im Anschluss das Vogelbeer-Mus zufügen und das Ganze nochmals für 15 Minuten simmern lassen.

Während der Kochzeit das Toastbrot würfeln. Die Butter in einer Pfanne schmelzen lassen und die Brotwürfel darin zu goldgelben Croutons ausbacken.

Die Vogelbeer-Kürbis-Suppe pürieren und mit den Gewürzen kräftig abschmecken. Heiß in den ausgehöhlten Kürbis füllen, die Croutons obenauf legen – guten Appetit!

Vogelbeer-Apfel-Marmelade

ZUTATEN

- 600g Vogelbeeren
- 300g süße, saftige Äpfel
- 1 Zimtstange
- 5 Nelken
- 300g Gelierzucker 3:1
- 4cl Birnenbrand

Die Vogelbeeren von den Stielen lösen, gut waschen und mit einem Kartoffelstampfer fein zerdrücken.

Die Äpfel schälen, vierteln und entkernen.

Die Zimtstange und die Nelken am besten in ein Gewürzsäckchen geben, damit man sie nach dem Kochen einfach und schnell wieder entfernen kann.

Saubere Marmeladengläser parat stellen.

Vogelbeeren, Äpfel und Gewürze zusammen in einen Kochtopf geben und mit dem Gelierzucker verrühren. Unter ständigem Rühren für einige Minuten (siehe Packungsangabe!) aufkochen lassen. Ganz zum Schluss den Birnenbrand zugießen und unterrühren – das gibt den besonderen Kick.

Die Marmelade zügig in die Gläser füllen, Deckel draufschrauben und kopfüber auskühlen lassen.

Vogelbeer-Marmelade – löffelweise gegessen – vertreibt wunderbar die Frühjahrsmüdigkeit und sogar aufkommende Erkältungen.

VOGELBEER-KÜRBIS-SUPPE

Wiesen-Pastinak

Pastinaca sativa subsp. sativa var. pratensis

DIE GERMANEN-WURZEL

Der volkstümliche Name »Germanen-Wurzel« verrät, wie lange man die Pastinake bereits kennt. Im Römischen Reich gehörte sie zu den beliebtesten Wurzeln; Apicius, der wohl bekannteste Feinschmecker und Koch seiner Zeit, verwendete die Pastinake in vielen seiner Gerichte, denn sie überzeugte mit hervorragendem Aroma. Man nennt sie auch die »welsche Petersilie«, weil sie auf den ersten Blick der Petersilienwurzel ähnelt. Bei genauerem Hinschauen aber erkennt man, dass die Pastinake einen dicken Rand um den Stängelausgangsbereich aufweist – da lässt sich nichts verwechseln!

Die aromatische Wurzel verlor in den letzten Jahrzehnten sehr an Bedeutung, schuld daran war die Übermacht von Möhren und Kartoffeln. Zunehmend aber gelangt sie in letzter Zeit wieder zu neuen Ehren in der modernen Küche, nicht zuletzt aufgrund ihrer vielseitigen Verwendbarkeit.

Auf der Wiese fällt die krautige Pflanze mit ihrer Wuchshöhe von oft gut 1 Meter durchaus auf – ebenfalls durch ihren aromatisch-süßlichen Duft, der entfernt an Fenchel erinnert. Die Blätter sitzen an kantigen, behaarten Stängeln, sind einfach gefiedert, oben dunkelgrün und glatt, auf der Unterseite zart filzig und hellgrün. Im unteren Teil der Pflanze haben sie eigene kurze Stiele, weiter oben wachsen sie direkt an den Stängeln. In der Blütezeit im Sommer entwickeln sich große acht- bis zehnstrahlige Dolden, die uns goldgelb zuwinken. Die Samen sind flach, oval und linsenförmig. Die beachtliche Wurzel ist nur im ersten Jahr der zweijährigen Pflanze genießbar, danach wird sie zäh und geschmacklos.

Eine ganz und gar »unköstliche« Geschichte über den Pastinak hat die DISNEY COMPANY in »Donald Duck und Mickey Mouse« verewigt. Die abgewirtschafteten Tagungsleiter, die »Präsidente(n)«, mussten öffentlich eine Schüssel Pastinak-Pudding verspeisen – völlig ungenießbar! Und auch Dagobert Duck hasst diesen Pudding. Was aber nicht an dem Pastinak selbst, sondern an der Art der Zubereitung lag.

STANDORT

Der Wiesen-Pastinak liebt basische, kalkreiche und stickstoffhaltige Böden. Wir finden ihn an Wegrändern, Wiesen, Böschungen, Steinbrüchen und auch Eisenbahngleisen. Als besonders schlau und erfinderisch in Sachen Ansiedlung erwies er sich im Zuge des Ökolandbaus: Auf den kultivierten Pastinake-Feldern mogelte sich der wilde Geselle – zunächst unbemerkt – einfach dazu.

HEILWIRKUNG

Die Samen wurden gegen Magenbeschwerden gegessen und sind harntreibend. Die Wurzel wird allein schon wegen ihres geringen Nitratgehaltes als Babynahrung püriert verwendet; sie enthält viele Mineralien wie Kalium, Eisen, Folsäure, Vitamin C und Proteine.

VERWENDUNG IN DER KÜCHE

Ob süße oder eher herbe Geschmacksrichtung: Die Pastinake lässt sich auf vielfältige Weise zubereiten. Die Wurzeln munden als Püree und (Suppen-)Gemüse, gebacken als Chips, gerieben als Salatbeigabe und sogar als süßer Sirup. Die Blätter punkten als Würzkraut oder im Pesto. Die Samen eignen sich wie Kümmel als Würze.

SAMMELZEIT

Die Blätter vor der Blüte, also spätes Frühjahr bis Sommer; die Wurzel ab Spätherbst bis zu den ersten Winterfrösten; die Samen nach der Blütezeit.

Pastinaken-Spaghetti mit Lachsfilet im Lauchmantel

ZUTATEN

- 1 kg gr. Wurzeln von Wiesen- und/oder Öko-Pastinake
- 1 Stange Lauch
- 4 Lachsfilets (à ca. 120 g)
- Salz
- frisch gemahlener weißer Pfeffer
- 4 EL Olivenöl
- 150 g Kirschtomaten
- 1 EL Ahornsirup
- 5 EL Balsamico-Creme
- 50 ml Orangensaft
- 1 Prise Zucker
- frisch gehackte Petersilie (oder Giersch) zum Garnieren

Vom Lauch das grüne Ende abschneiden, die Stange halbieren, waschen und in einzelne Blätter teilen. Diese in kochendem Salzwasser blanchieren, danach herausschöpfen, kalt abschrecken und trocken tupfen.

Die Lachsfilets mit Salz und Pfeffer würzen und mit den Lauchblättern umwickeln (das »Päckchen« lässt sich bei Bedarf mit einem feinen Streifen frischen Lauches sicher verknoten).

3 Esslöffel Olivenöl in einer Pfanne erhitzen und die ummantelten Fischfilets circa 8 Minuten von beiden Seiten anbraten; warm stellen.

Die Pastinaken-Wurzeln waschen, dünn schälen und mit einem Julienneschneider oder einem scharfen Messer in lange, dünne Streifen schneiden.

1 Esslöffel Olivenöl in eine heiße Pfanne geben und darin die Pastinaken-Spaghetti etwa 3 Minuten lang unter vorsichtigem Wenden dünsten. Dann die gewaschenen Tomaten zufügen und für weitere 4 Minuten mitdünsten. Nach insgesamt 7 Minuten Kochzeit den Ahornsirup, die Balsamico-Creme und den Orangensaft ergänzen und das Gemüse nochmals kurz köcheln lassen. Mit Salz, Pfeffer und Zucker abschmecken. Das Gemüse warm stellen.

Zum Servieren die Lachstranchen auf vorgewärmte Teller legen und die Pastinaken-Spaghetti optisch hübsch anrichten. Mit frischem Grün garnieren.

Dazu passen aromatische Kartoffeln, wilder Reis oder auch grüne Tagliatelle.

Pastinaken-Auflauf

EINE VERSUCHUNG NICHT NUR FÜR VEGETARIER

ZUTATEN

- 1 kg Wurzeln von Wiesen-Pastinake
- 40 g Butter für die Form
- Salz
- frisch gemahlener weißer Pfeffer
- 2 Eier
- ¼ l Milch
- 200 g Schlagsahne
- 4 Tomaten
- 100 g frisch geriebener Emmentaler

Eine Auflaufform mit Butter einfetten.

Die Pastinaken-Wurzeln schälen, in Scheiben schneiden und in die Auflaufform schichten. Kräftig salzen und pfeffern.

In einer Schüssel die Eier mit der Milch und der Sahne schaumig schlagen und über die Pastinaken-Wurzeln gießen; diese sollten komplett von Flüssigkeit bedeckt sein.

Den Backofen auf 180 °C vorheizen.

Die Tomaten waschen, in Scheiben schneiden und auf die Pastinaken schichten. Als Letztes den geriebenen Emmentaler darüberstreuen.

Die Auflaufform für 40 Minuten in den Backofen schieben; falls die Oberseite allzu braun werden sollte, mit etwas Alufolie abdecken.

Pastinaken-Curry

EINE URALTE KNOLLE »GOES INDIA«

Als Erstes die Gewürzmischung zubereiten: Dafür werden die angegebenen Samen und Körner der Reihe nach im Mörser fein zermahlen; das Chilipulver gewinnen wir aus 2 getrockneten Schoten. Aus den zerkleinerten Gewürzen laut Mengenangaben ein Currypulver mischen.

Die Kichererbsen über Nacht einweichen lassen. Am nächsten Tag die Hülsenfrüchte im Einweichwasser – ohne zu salzen! – 1 Stunde lang kochen, bis sie weich sind.

Die Pastinaken-Wurzeln, die Zwiebeln und die Kartoffeln schälen; Pastinaken und Kartoffeln grob, die Zwiebel fein würfeln. Die Tomaten waschen und vierteln. Den Ingwer schälen und reiben; wir benötigen gut ½ Teelöffel.

In einer Kasserolle das Kokosfett schmelzen lassen und darin die Zwiebelwürfel anbraten. Pastinaken- und Kartoffelstücke zugeben und einige Minuten mitschmoren lassen. Die Tomatenstücke, den geriebenen Ingwer, die gekochten Kichererbsen und die Gemüsebrühe zufügen.

Das Gericht je nach gewünschter Schärfe mit der Currymischung würzen (da muss man sich vorsichtig herantasten!) und bei mittlerer Hitze gut 20 Minuten lang köcheln lassen.

Pastinaken einmal ganz anders!

ZUTATEN

- 400 g Wurzeln von Wiesen-Pastinake
- 200 g Kichererbsen
- 2 Zwiebeln
- 400 g festkochende Kartoffeln
- 250 g Tomaten
- 1 Stück Ingwerknolle
- 2 EL Kokosfett
- 650 ml Gemüsebrühe

Für die Currymischung (ganze Samen/Früchte zu Pulver zermahlen)

- ½ TL Kreuzkümmel
- ½ TL weißer Pfeffer
- 1 TL Koriander
- ½ TL Kardamom
- ½ TL Cayennepfeffer
- ½ TL Chili

Pastinaken-Zwiebel-Suppe

Die Pastinaken dünn schälen und in Scheiben schneiden. Die Zwiebeln ebenfalls von der Schale befreien und in Scheiben schneiden. In einem Kochtopf die Butter schmelzen lassen und die Zwiebelringe darin anschwitzen. Die Pastinaken-Scheiben zugeben und kurz mit andünsten. Die Milch und das Wasser zugießen.

Die Suppe kräftig mit Salz und Pfeffer würzen, aufkochen lassen und dann bei etwas geringerer Temperatur für 25 Minuten köcheln lassen. Vom Herd nehmen und den Topfinhalt mit dem Pürierstab homogen zerkleinern.

Das Mehl in der Milch klumpenfrei an- und zum Binden in die Suppe einrühren; dazu diese kurz aufkochen lassen. Danach die Temperatur sofort zurückschalten.

Die Sahne mit dem Eigelb verquirlen und ebenfalls in die nun nicht mehr kochende Suppe geben. Gut durchrühren und vor dem Servieren nochmals abschmecken.

ZUTATEN

- 1 kg Wurzeln von Wiesen-Pastinake
- 4 gr. Zwiebeln
- 50 g Butter
- 500 ml Milch
- 150 ml Wasser
- Salz
- frisch gemahlener weißer Pfeffer
- 1 EL Mehl
- 2 EL Milch
- 200 g Schlagsahne
- 1 Eigelb

PASTINAKEN-TALER MIT KÜRBIS-PLÄTZCHEN UND PILZEN

Pastinaken-Taler mit Kürbis-Plätzchen und Pilzen

EINE HERZHAFTE VEGETARISCHE »BROTZEIT«

Die Pastinaken waschen, schälen und in 0,5 Zentimeter dicke Scheiben schneiden. In kochendem Wasser für 10 Minuten blanchieren. Durch ein Sieb abgießen, kurz mit kaltem Wasser abschrecken und abtropfen lassen. Warm stellen.

Den Kürbis waschen, in 4 dicke Scheiben schneiden und das weiche Innere mit den Kernen vorsichtig herauslösen, sodass nur noch das feste Fruchtfleisch stehen bleibt. Danach dünn schälen.

Wasser zum Kochen bringen und darin die Kürbisscheiben in 15 Minuten bissfest kochen. Herausschöpfen und mit Plätzchen-Ausstechern Sterne und Herzen aus den Kürbisscheiben ausstechen, diese zunächst beiseitestellen.

Die Kräuterseitlinge putzen und halbieren. Die Zwiebeln schälen und in dünne Ringe schneiden.

Butter und Öl in einer heißen Pfanne erhitzen. Darin zunächst die Zwiebelringe knusprig braten, herausschöpfen und kurz warm stellen. Dann die »Kürbis-Plätzchen« und die Kräuterseitlinge kurz von beiden Seiten goldbraun anbraten.

Zum Servieren die Pastinaken-Scheiben auf Tellern anrichten, mit Zitronensaft beträufeln und kräftig pfeffern und salzen. Die Kürbis-Plätzchen obenauf legen, die gebratenen Zwiebelringe und die Kräuterseitlinge anrichten; nochmals würzen.

ZUTATEN

- 500 g Wurzeln von Wiesen- und/oder kultivierter Öko-Pastinake
- 1 Hokkaido-Kürbis
- 1 Schale Kräuterseitlinge
- 2 rote Zwiebeln
- 50 g Butter
- 2 EL Rapsöl
- Saft von ½ Zitrone
- frisch gemahlener weißer Pfeffer
- Salz

Gebackene Pastinaken mit Käse-Walnuss-Kruste

Die Pastinaken-Wurzeln schälen, das obere und untere Ende jeweils abschneiden und die Wurzeln längs halbieren.

Den Backofen auf 175 °C vorheizen.

Eine Auflaufform mit 2 EL Olivenöl einfetten und die Pastinaken mit der Schnittfläche nach unten in die Form legen. Die restlichen 2 EL Öl mit einem Pinsel über die Pastinaken streichen. Im Ofen für gut 15 Minuten backen.

In der Zwischenzeit die Walnüsse hacken und in einer heißen Pfanne anrösten. Den Schafskäse zerbröseln und ebenso wie den Honig zufügen. Bei geringer Temperatur kurz erhitzen, danach beiseite stellen. Die gehackte Petersilie ergänzen und mit Zitronenschale, Curry, Salz und Pfeffer würzen.

Die gebackenen Pastinaken aus dem Ofen nehmen und in der Form um 180° drehen. Auf die offene Schnittfläche die Käse-Walnuss-Mischung verteilen und nochmals für weitere knappe 10 Minuten in den Backofen stellen.

ZUTATEN

- 600 g Wurzeln von Wiesen-Pastinake
- 4 EL Olivenöl
- 100 g Walnüsse
- 150 g Schafskäse
- 1 EL Honig
- 1 Bund fein gehackte glatte Petersilie
- abgeriebene Schale von 1 unbehandelten Zitrone
- 1 TL Curry oder Kurkuma
- Salz
- frisch gemahlener weißer Pfeffer

Rotbuche

Fagus sylvatica

EIN URALTER BAUM – UND SO VIELSEITIG!

Das »Rot-« vorneweg signalisiert die botanisch korrekte Schreibweise, umgangssprachlich reden wir einfach von »Buche«. Und diese ist unfassbar alt: Sie lebte hier schon vor der letzten Eiszeit. Nur »kurz« wurde sie von der Kälte in südlichere Gefilde zurückgedrängt, bevor sie in der späteren Warmzeit zur europaweit häufigsten Waldbaumart heranwuchs.

In der Mythologie spielt die Buche kaum eine Rolle, diesen Part überlässt sie großzügig Eiche & Co. – ein eindeutiges Zeichen von Altersweisheit! Stattdessen hat sie fleißig gewirkt als Namenspatin: Schönbuch, Bukowina, Bochum, Bocholt ... Und auch das Wort »Buchstabe« deutet darauf hin, dass die ersten Schriftzeichen in unserer Region in Buchenrinde geritzt wurden.

Schon im Mittelalter nutzte man die Buche sowohl als vielseitigen Nahrungs- wie auch als willkommenen Brennstofflieferanten. Und auch wir goutieren neben ihrem Holz die zarten jungen Blättchen und – wie die Wildtiere – vor allem ihre Früchte, die Bucheckern, die in einem holzigen, stacheligen Fruchtbecher sitzen, der sich zur Reifezeit vierteilig öffnet. Dann fallen die dreikantigen, braunen Nussfrüchte auf den Boden und die Sammelzeit beginnt. Es ist zugegebenermaßen etwas mühselig, diese kleinen »Dreiecke« vom Boden zu klauben. Und noch ein kleines Handikap: Roh sollte man nur einige wenige Bucheckern essen, denn sie enthalten Fagin, ein Blausäure-Glykosid, und viel Oxalsäure, was zu toxischen Reaktionen führen kann. Vor dem Verzehr kurz geröstet, verliert sich der Blausäureanteil und die Früchte sind danach vielseitig verwendbar.

Eine weitere Eigenwilligkeit der Rotbuche, durch die sie zugleich ihr Überleben sichert: In manchen klimatisch guten Jahren – den sogenannten Mastjahren – produziert sie Früchte im Überfluss, mehr, als die Wildtiere aufzufressen vermögen. Der Boden ist dann bedeckt von einem kantigen Früchteteppich.

STANDORT

Die Rotbuche liebt ausgewogene Standorte mit lichtem Schatten und nährstoffreichen Böden. Extreme wie Staunässe und Dürreperioden mag sie nicht. In ausgeprägten Buchenwäldern verdrängt sie erfolgreich andere Baumarten.

HEILWIRKUNG

Die essbaren Blätter der Buche wurden schon im Mittelalter als entzündungshemmend erkannt, somit bei Zahnfleischbeschwerden gekaut und als Wundauflagen bei Vereiterungen benutzt. Buchenholzkohle kaut man heute noch bei Magen- und Darmproblemen.

Die Bucheckern müssen von der kantigen Schale befreit, dann gewaschen und getrocknet werden. Anhaltspunkte: 100 Bucheckern ergeben 1 Handvoll; 100 geschälte Bucheckern wiegen circa 20 Gramm.

VERWENDUNG IN DER KÜCHE

Buchenkeimlinge und Buchenblätter ergeben feine Salatzugaben. Bucheckern finden vielfältige Verwendung in Suppen, Salaten, Kuchen, Süßspeisen, Schnaps und Likör.

SAMMELZEIT

Die zarten Triebe Anfang April, wenn sie aus der Erde sprießen; die jungen, frischen hellgrünen Blätter April bis Mai; die Bucheckern ab Oktober.

Bucheckern-Herbst-Salat

ZUTATEN

- 100 g geschälte Bucheckern (= ca. 500 Stück)
- 50 g Haselnüsse
- 1 Kultursalat (gern gemischt)
- 2 saftige Äpfel
- 100 g Parmesankäse
- 1 kl. Möhre
- 150 g blaue Weintrauben
- 2 EL dunkler Aceto balsamico
- 1 TL Honig
- Salz
- frisch gemahlener Pfeffer
- 6 EL feines Speiseöl
- Crema di Balsamico

Die Bucheckern und die Haselnüsse hacken und unter Rühren in einer Pfanne ohne Fett anrösten. Dabei ist Fingerspitzengefühl geboten, damit sie nicht verbrennen. Rechtzeitig vom Herd nehmen und zunächst beiseite stellen.

Den Salat waschen, trocknen und grob zerpflücken. Die Äpfel waschen, halbieren, entkernen und mit Schale vierteln. Den Parmesankäse grob hobeln. Die Möhre schälen und in feine Streifen schneiden. Die Trauben waschen und – falls sehr groß und/oder mit Kernen – halbieren und entkernen.

Bis auf die gerösteten Bucheckern und Nüsse all die nun vorbereiteten Zutaten in einer großen Schüssel locker miteinander mischen.

Nun eine Vinaigrette zubereiten: Essig, Honig, Salz und Pfeffer mit dem Schneebesen verrühren; nach und nach das Öl zugießen und kräftig unterschlagen, bis eine sämige Konsistenz entsteht. Die Vinaigrette unter die Salatkomposition heben.

Den Herbstsalat zum Servieren auf Teller verteilen, mit den gehackten Bucheckern und Nüssen bestreuen und zum Schluss mit feinen Streifen von Crema di Balsamico überziehen.

Kandierte Buchen-Blätter

FRÜHLINGSGRÜSSE AUS DEM BUCHENWALD

ZUTATEN

- 20 frisch ausgetriebene Buchenblätter
- 2 Eiweiß
- 50 g Puderzucker
- 50 g feiner weißer Zucker

Die Eiweiß zu gerade eben festem Eischnee schlagen, den Puderzucker unterrühren und auf eine große flache Unterlage geben (Kunststoffbrett/Porzellanplatte).

Die Buchenblätter waschen, trocken tupfen und auf die Oberseite mit einem Backpinsel jeweils Eischnee auftragen. Auf jedes Blatt üppig feinen Zucker streuen, den überschüssigen vorsichtig abschütteln.

Küchenkrepp flächendeckend auf ein Backblech legen, darauf die Buchenblätter platzieren und diese im Backofen (ohne Hitze, Zimmertemperatur reicht aus!) für einen Tag trocknen lassen.

Die mit »Raureif« überzogenen Blätter sind auf jeder Feier ein besonderer Gaumenkitzler zu Käse und zugleich eine super Dekoration!

BUCHECKERN-HERBST-SALAT

Gemeiner Wacholder

Juniperus communis

DER SÄULENWÄCHTER

»Vor dem Holunder zieh den Hut, vor dem Wacholder geh in die Knie.« – Bei den Germanen galt der Wacholder als heilig aufgrund seiner Heilkraft, »Würde« und Würze; an der Heimstatt von Mensch und Tier aufgehängte Zweige dienten der Abwehr alles Bösen. Und auch in Grimms Märchen kommt der Machandelbaum – so der volkstümliche Name des Wacholders – als Lebensbaum mit viel Kraft und tiefgründiger Magie vor. Aufgrund seines meist säulenartigen Wuchses galt er zudem als Wächter zwischen Leben und Tod, was unmittelbar auf seine große Heilwirkung verweist.

Naturheilkundlich verwendet werden außer den Früchten die Nadeln, die Triebspitzen, das Holz und manchmal auch die Wurzeln. Nach unserem heutigen Wissen sollen Nierenkranke und Schwangere allerdings auf den Genuss von Wacholder verzichten (siehe unten). In unserer Küche kommen lediglich die blauschwarzen Beeren zum Einsatz, bei denen es sich – botanisch korrekt – eher um besonders geartete Beerenzapfen handelt.

Der Gemeine Wacholder ist zweihäusig, die Blüten wachsen auf den weiblichen Pflanzen. Aus diesen bilden sich innerhalb eines Jahres grüne Beeren, die erst nach zwei Jahren schwarzbraun und reif werden. So viel Zeit muss sein bei dieser intensiven Geschmacksbombe – das einzige Gewürz übrigens aus der Gruppe der Nadelhölzer und eins der wenigen überhaupt aus gemäßigtem, mitunter fast kühlem Klima. Kurzum: Gesundheit und Genuss gehen beim Wacholder eine überzeugende Allianz ein.

STANDORT

Der Gemeine Wacholder ist eigenwillig – er mischt sich nicht unter andere Gehölze. Er gedeiht auf mageren Weiden, an Felsen und an lichten Waldrändern, liebt trockene, basenreiche, kalkhaltige Böden und ist eine sogenannte Lichtpflanze.

HEILWIRKUNG

Das heilende Potenzial des Wacholders reicht von der Verdauungsförderung über die Beseitigung von Harn- und Atemwegsproblemen bis hin zur Hilfe gegen Infektionskrankheiten – was sich schon Pfarrer Kneipp zunutze machte. Die Inhaltsstoffe: hauptsächlich Gerb- und Bitterstoffe, Zucker sowie ätherische Öle, die den Bestandteil Terpinen-4-ol aufweisen, der für den blumig-würzigen Geschmack zuständig ist und harntreibend wirkt. Wegen Letzterem sind Wacholderbeeren für Nierenkranke und Schwangere tabu – die Nieren könnten allzu sehr belastet werden. Ansonsten aber hat sich Tee von Wacholderbeeren bewährt als Harnwegsspülung. Und Sirup aus den Beeren ist bei bakteriellen Atemwegserkrankungen und Husten – bei Kindern wie Erwachsenen – sehr wirksam. Auch bei Gelenkschmerzen, Gicht und Muskelerkrankungen hilft der Wacholder.

VERWENDUNG IN DER KÜCHE

Wacholderbeeren, meist getrocknet, spielen eine große Rolle in unserer Küche: als Würze und Marinade, in Saucen und Beilagen zu Fleisch, in Fisch- und Kohlgerichten.

SAMMELZEIT

Die Beeren pflückt man im späten Herbst, wenn sie blauschwarz sind.

Wacholder-Grillsauce

ZUTATEN

- 8 Wacholderbeeren
- 10 schwarze Pfefferkörner
- 2 Lorbeerblätter
- 1 fein gehackte Zwiebel
- 1 EL Dijonsenf
- ½ Flasche Bier
- 4 El Olivenöl

In einem Mörser die Wacholderbeeren gut zerdrücken und die Pfefferkörner fein zermahlen. Die Lorbeerblätter sehr fein hacken.

Die Gewürze in eine Schüssel geben und unter Zuhilfenahme des Schneebesens oder des Handrührgerätes mit den Zwiebelwürfeln, dem Senf und dem Bier vermengen. Langsam das Olivenöl zugießen und gut durchquirlen.

Die Grillsauce ist ebenfalls hervorragend geeignet als Marinade für kräftige Lamm- oder Fleischgerichte. Den Wacholder kann man problemlos ergänzen oder austauschen durch Wildkräuter nach Geschmack.

Rotkohl-Wintersalat mit Wacholder und Apfel

ZUTATEN

- 5 Wacholderbeeren
- 50 g Zucker
- 5 EL roter Aceto balsamico
- 300 ml naturtrüber Apfelsaft
- 1 Zimtstange
- 3 EL Johannisbeergelee
- 500 g Rotkohl
- 2 Äpfel
- Salz
- frisch gemahlener Pfeffer

Den Zucker in einem Kochtopf karamellisieren lassen, mit dem Balsamico und dem Apfelsaft ablöschen. Die Wacholderbeeren, die Zimtstange und das Johannisbeergelee zufügen.

Diesen Sud um etwa die Hälfte einkochen lassen. Danach die Wacholderbeeren und die Zimtstange herausschöpfen.

Den Rotkohl putzen und in feine Streifen schneiden. Die Äpfel waschen, vierteln und entkernen. Mit Schale ebenfalls in feine Streifen schneiden. Die Rotkohlstreifen in den Sud geben und bissfest garen lassen. Dann die Apfelstreifen zufügen und mit Salz und Pfeffer abschmecken.

Dieser würzig-fruchtige Wintersalat schmeckt am besten noch warm.

Sauerkraut-Roulade im Blätterteigmantel

Den Backofen auf 200 °C vorheizen. Die Paprikaschote waschen, putzen und in feine Streifen schneiden. Im Mörser die Lorbeerblätter sowie die Wacholderbeeren grob zerdrücken.

Das Sauerkraut in eine Schüssel geben, mit der Gabel auflockern und die Gewürze gleichmäßig untermengen; salzen und pfeffern. Das Bratwurstbrät aus der Pelle drücken und den Senf sowie die Kräuter daruntermischen.

Die Blätterteigplatten leicht überlappend (dort den Teig andrücken) zu einem großen Rechteck auslegen, darauf das Brät verteilen, ebenso das Sauerkraut, beides etwas andrücken. Den einen Teigrand über die Füllung schlagen und das Ganze zu einer festen Roulade aufrollen. Die äußeren, nicht belegten Teigränder aneinanderdrücken, damit die Füllung nicht herausquillt.

Das Eigelb mit 1 Esslöffel Wasser verquirlen und damit die Roulade bestreichen. Den Kümmel darüberstreuen (er haftet durch den »Eikleber«).

Die Teigroulade im vorgeheizten Backofen in 40 Minuten goldbraun backen.

Zum Servieren schräg aufschneiden – köstlich!

ZUTATEN

- 6 Wacholderbeeren
- 1 rote Paprikaschote
- 2 Lorbeerblätter
- 350 g Sauerkraut
- Salz
- frisch gemahlener weißer Pfeffer
- 2 feine rohe Kalbsbratwürste
- 1 EL Dijonsenf
- 1 EL gehackter Thymian und Salbei
- 1 Packung Blätterteig
- 1 Eigelb
- 1 TL Kümmel

Wacholder-Sauce

In einem Kochtopf den Rotwein mit den Zwiebelwürfeln, den Wacholderbeeren und den Pfefferkörnern zum Kochen bringen. Den Sud so lange köcheln lassen, bis er um die Hälfte reduziert ist. Vom Herd nehmen und durch ein Sieb streichen (das Mus in einem zweiten kleinen Kochtopf auffangen, die festen Bestandteile im Sieb wegwerfen).

Diese Saucengrundlage mit dem Wildfond, der Sahne und dem Gin aufgießen. Bis kurz vorm Kochen erhitzen, abschmecken und, wenn nötig, mit Salz und Pfeffer nachwürzen.

Diese kräftige Sauce passt gut zu Wild, Rindfleisch und Lamm.

ZUTATEN

- 1 EL Wacholderbeeren
- 125 ml Rotwein
- 1 fein gehackte Zwiebel
- 6 schwarze Pfefferkörner
- 250 ml Wildfond
- 125 ml Schlagsahne
- 2 EL Gin
- Salz
- frisch gemahlener Pfeffer

Gebratene Entenbrust mit Wacholder-Apfel-Kompott

ZUTATEN

- 10 Wacholderbeeren
- 4 küchenfertige Entenbrüste mit Haut (à ca. 180 g)
- Salz
- frisch gemahlener Pfeffer
- 3 Äpfel
- 150 ml feinherber Weißwein
- 10 g fein gewürfelter Ingwer
- 1–2 Gewürznelken
- ½ Zimtstange
- 2 EL Rohrzucker
- 60 g Butter
- etwas Curry oder Kurkuma
- 4 Thymianzweige

Den Backofen auf 130 °C vorheizen. Die Entenbrüste waschen und trocken tupfen. Die Haut vorsichtig über Kreuz mit einen scharfen Messer einritzen und das Fleisch von beiden Seiten salzen und pfeffern. Die Entenbrüste mit der Hautseite nach unten in eine kalte Bratpfanne legen und diese langsam erhitzen, damit das Fett aus der Haut gezogen wird. Wenn die Haut goldgelb gebräunt ist, die Entenbrüste wenden und die Fleischseite kurz anbraten. Das Fleisch aus der Pfanne nehmen und direkt auf dem mittleren Rost des vorgeheizten Backofens in 20 bis 25 Minuten innen rosa garen lassen; das heraustropfende Fett wird natürlich »backofenschonend« aufgefangen.

In der Zwischenzeit die Äpfel schälen, vierteln und entkernen. In einem Kochtopf den Weißwein mitsamt Äpfeln, Ingwer, Gewürznelke(n), Zimtstange und Rohrzucker zum Kochen bringen. So lange köcheln lassen, bis die Apfelstücke weich sind.

Die Wacholderbeeren im Mörser zermahlen. 20 Gramm Butter in einer Pfanne schmelzen lassen und darin das Gewürz anbräunen. Den gesamten Pfanneninhalt zu den Äpfeln geben. Das Kompott mit ein, zwei Prisen Curry und/oder Kurkuma würzen, umrühren und warm stellen.

Die Entenbrüste aus dem Ofen nehmen und auf dieselbe Weise wie zuvor in einer zunächst kalten Pfanne erhitzen, sodass die Haut schön knusprig wird. Auf die Fleischseite drehen, 20 Gramm Butter zufügen, die vier Thymianzweige dazulegen und die Entenbrüste in der schäumenden Butter 4 Minuten ohne Wenden ziehen lassen.

Das Fleisch aus der Pfanne nehmen, nach Gusto tranchieren und auf vorgewärmte Teller legen. Ebenfalls das Wacholder-Apfel-Kompott anrichten.

Rasch die Thymianzweige aus der Pfanne entfernen, die restliche Butter (20 Gramm) zugeben und kurz aufschäumen lassen, bis sie leicht gebräunt ist. Vor allem herzhafte Spätzle als Beilage munden köstlich mit der gebräunten Butter, aber auch fest kochende kleine (Ofen-)Kartoffeln.

GEBRATENE ENTENBRUST MIT WACHOLDER-APFEL-KOMPOTT

Gemeine Hasel

Corylus avellana

DER WÜNSCHELRUTEN-STRAUCH MIT DEN LECKEREN NÜSSEN

Schon bei Steinzeitkulturen besaß die Haselnuss einen hohen Stellenwert im Nahrungsbereich – darauf lassen zumindest archäologische Funde schließen. Die Zweige der Hasel waren zudem oft Bestandteil heidnischer und christlicher Grabbeigaben. Der fedrige, biegsame Haselstrauch galt als Friedensbringer, als Symbol für Frühling, Neuanfang und Unsterblichkeit – und er brachte Glück, vor allem in der Liebe.

Im Volksglauben stand der Haselstrauch mit seinen »erotischen« Nüssen im Ruf, die menschlichen Triebe anzuregen und die Fruchtbarkeit zu befördern. »In die Hasel gehen« hieß früher: ein amouröses Stelldichein genießen – reichlich Nachwuchs inbegriffen. Die Nachtigall, die nur zur Paarungssuche ihr Lied trällert, sang laut einem alten Volkslied nicht auf dem Tannenbaum, sondern in der Hasel! Gemahlene Haselnüsse galten als Aphrodisiakum und der griechische Arzt Dioskorides empfahl die Nuss gegen Potenzstörungen. Hildegard von Bingen hingegen war der Hasel nicht sehr zugetan – just wegen ihrer »Wollust-befördernden« Komponente.

Die energetische Kraft der Haselnuss manifestiert sich in der Wünschelrute, diese soll Kraftströme fließen lassen, Wasser- und Erdstrahlen ableiten.

Der Gattungsname Corylus (griechisch korys, der Hut/Helm) weist, bildhaft und nachvollziehbar, auf die helmartige grüne Fruchthülle der Nussfrucht hin. Botanisch gesehen handelt es sich bei der Frucht vom Haselstrauch um eine echte Nuss – die einzig echte! Die Gemeine Hasel ist einhäusig, das heißt ein und dasselbe Exemplar trägt sowohl (männliche) Kätzchen als auch (weibliche) Blüten, und als Frühblüher im Februar/März ein wichtiger Pollenlieferant für die Honigbienen. Immerhin braucht der Strauch fast zehn Jahre, bis er Früchte trägt.

Einen kleinen Wermutstropfen besitzt die Haselnuss: Sie ist sehr kalorienreich und kann Allergien auslösen, doch das ist den meisten Betroffenen hinreichend bekannt.

STANDORT

Der Haselstrauch bevorzugt sommerwarme Lagen mit feuchten, lockeren Böden in lichten Wäldern, an Waldrändern und Feldhecken. Als überzeugte Lichtpflanze nimmt er aber auch leichten Schatten in Kauf. Nährstoffarme, rein sandige oder auch saure Böden verschmäht er.

HEILWIRKUNG

Die Haselnuss besitzt außerordentlich hohe Vitaminanteile, und zwar in den Bereichen B, C und E, zudem viele Minerale wie Calcium, Eisen, Kalium, Natrium und Phosphor und ist reich an Fettsäuren. Sie wirkt lindernd bei Husten und Lungenentzündung. Die jungen Haselblätter, als Tee zubereitet, wirken blutreinigend und fiebersenkend.

VERWENDUNG IN DER KÜCHE

Die Haselnusskerne lieben wir in Backwaren, Süßigkeiten und Speiseeis. Sie sind Bestandteil würziger Krusten für Fleisch und Fisch und sie verleihen Suppen und Gemüsen eine interessante Geschmacksnote.

SAMMELZEIT

Die Früchte fallen, wenn sie reif und braun sind, zu Boden. Man kann sie aber auch zur Erntezeit im September/Oktober gut direkt vom Strauch pflücken. Nur die harte Außenschale muss geöffnet werden, das erfordert in der Natur etwas Findigkeit.

HASELNUSS-EIS

Haselnuss-Eis

Zu Anfang der Hinweis: Das Eis sollte mindestens 12 Stunden vor dem Servieren hergestellt werden; am besten lässt man es über Nacht gefrieren.

Die Haselnüsse hacken und anschließend portionsweise im Mörser fein mahlen. In einer Pfanne ohne Fett anrösten. Beiseite stellen.

400 Gramm der Schlagsahne sowie die Milch in einen Kochtopf füllen. Den »normalen« Zucker sowie den Vanillinzucker ergänzen. Die Vanilleschote halbieren, das Innere auskratzen und ebenfalls zur Milch-Sahne-Mischung geben. Die Flüssigkeit unter ständigem Rühren erhitzen. Dabei nicht aufkochen lassen und akribisch darauf achten, dass nichts anbrennt! Vom Herd nehmen.

In einer fürs Wasserbad geeigneten Schüssel (Schlagschüssel) die Eigelbe mit dem Puderzucker schaumig quirlen. Die heiße Sahne-Milch-Mischung nach und nach unter den Eigelbschaum rühren; beides sorgfältig miteinander mischen. Als Nächstes die gemahlenen Haselnüsse unterziehen. Ein Wasserbad bereiten und die Schlagschüssel hineinstellen. Die Masse so lange mit dem Schneebesen rühren, bis sie eingedickt ist. Zum Abkühlen die Schlagschüssel im Anschluss in eine größere, mit Eiswasser gefüllte Schüssel stellen.

Die restlichen 200 Gramm Schlagsahne sehr steif schlagen und unter die erkaltete Masse ziehen.

Die Eismasse in ein gefriertaugliches Behältnis umfüllen und in den Gefrierschrank stellen. Alle 15 Minuten herausnehmen und einmal umrühren, damit sich nicht zu viele Kristalle bilden. Nach 3 Stunden etwa kann man mit dem Rühren aufhören. Das Eis besitzt zu dem Zeitpunkt eine solche Konsistenz, dass es sich gut in kleinere Behälter/Eisförmchen umfüllen lässt, falls man dies wünscht.

Am darauffolgenden Tag die kleinen Behälter aus dem Gefrierschrank nehmen, kurz unter heißes Wasser halten (oder in selbiges hineintunken) und das Eis auf hübsche Teller stürzen, die man vorher mit dem Haselnusskrokant bestreut hat. Zusätzlich noch mit Beeren und Früchten dekorieren oder auch Scheiben von schwarzen Walnüssen (Rezept siehe »Echte Walnuss« Seite 121).

ZUTATEN

Für 10 Portionen

- 200 g Haselnüsse ohne Schale
- 600 g Schlagsahne
- 100 ml Milch
- 1 EL Zucker
- 5 TL Bourbon-Vanillinzucker
- 1 Vanilleschote
- 3 Eigelb
- 8 TL Puderzucker
- 100 g Haselnusskrokant

Haselnuss-Möhrensuppe

ZUTATEN

- 100 g Haselnüsse ohne Schale
- ca. 8 Kardamomkapseln
- ca. 2 TL Koriandersamen
- 4 Möhren
- 1 Stange Bleichsellerie
- 2 EL Öl
- 1 l Gemüsebrühe
- ½ EL Curry
- 200 g Schlagsahne

Die Haselnüsse fein hacken. In einer heißen Pfanne ohne Öl hellbraun rösten. Anschließend im Mörser fein mahlen; in einem Schälchen beiseitestellen.

Die Fruchtkapseln des Kardamoms entfernen und die Früchte ebenfalls im Mörser fein mahlen; wir benötigen 1 Teelöffel Pulver.

Die Koriandersamen im Mörser fein zerkleinern; man braucht 1 Teelöffel Pulver.

Die Möhren und den Bleichsellerie waschen, schälen und in große Stücke schneiden. In einem Kochtopf Wasser aufkochen und darin das Gemüse 15 Minuten lang simmern lassen. Durch ein Sieb abgießen.

Das Öl in einem großen Kochtopf erhitzen und darin das Gemüse für circa 5 Minuten dünsten. Dann die Gemüsebrühe angießen. Die Haselnüsse sowie sämtliche Gewürze zufügen. Den Topfinhalt fein pürieren.

Kurz vor dem Servieren die Schlagsahne zufügen und die Suppe nochmals pürieren.

Haselnuss-Beißer

ZUTATEN

Für 12 Stück

- 50 g gemahlene Haselnüsse
- 60 g ganze Haselnüsse ohne Schale
- 100 g Weizenmehl
- 1 Ei
- 50 g Butter
- 2 EL brauner Rohrzucker
- 60 g ganze Walnusskerne ohne Schale
- 60 g ganze Mandeln ohne Schale
- 60 g Zucker
- 60 g Butter
- 60 g Honig

Das Mehl in eine Schüssel sieben, in der Mitte eine Mulde machen und das Ei hineingeben. Die gemahlenen Haselnüsse, die Butter in kleinen Stückchen und den Rohrzucker zufügen. Diese Zutaten zu einem Teig verkneten.

In die 12 Mulden einer Muffinform Papierförmchen einsetzen.

Den Backofen auf 180 °C vorheizen.

Die ganzen Haselnüsse, Walnüsse und Mandeln grob hacken.

Den Teig gleichmäßig in die Backförmchen verteilen und einen kleinen Rand hochziehen. Anschließend die Mulden zu drei Vierteln mit den gehackten Nüssen auffüllen.

Die Küchlein auf mittlerer Schiene für 10 Minuten vorbacken und wieder herausnehmen.

Den Zucker in einer Pfanne karamellisieren lassen, bis er hellbraun verläuft. Butter und Honig zugeben und alles gut verrühren.

Diese Masse auf die Förmchen verteilen, erneut in den Backofen schieben und für weitere 10 Minuten backen. In der Form etwas abkühlen lassen und dann vorsichtig herausnehmen und auf einem Gitter auskühlen lassen.

Haselnuss-Speckbrötchen-Muffins

Das Mehl in eine Schüssel sieben und in die Mitte eine Mulde drücken. Die Hefe mit dem Zucker in etwas warmer Milch auflösen und in die vorbereitete Mulde schütten. Alles zugedeckt für ungefähr 15 Minuten an einem warmen Ort ruhen lassen.

Die Zwiebel und den geräucherten Speck in kleine Würfel schneiden und in einer heißen Pfanne mit etwas Öl andünsten. Das alles zusammen mit der restlichen Milch, dem Ei, dem Salz, den gehackten Haselnüssen und etwas Öl zum aufgegangenen Mehl geben und zu einem Teig kneten.

Den Teig so lange kneten, bis er richtig luftig ist. Dann wieder zudecken und für 40 Minuten an einem warmen Ort ruhen lassen.

Die Muffinform gut einfetten. Den ausgeruhten Teig in so viele Kugeln formen wie in der Backform vorhanden sind und dann in die Vertiefungen setzen. Nochmals abgedeckt für 10 Minuten ruhen lassen.

Den Backofen auf 200 °C vorheizen.

Den Teig in der Muffinform mit dem Eigelb bestreichen, den 2 EL Speck bestreuen und auf mittlerer Schiene für 25 Minuten backen. Die Haselnuss-Speckbrötchen aus der Backform lösen und auf einem Gitter auskühlen lassen.

ZUTATEN

- 150 g gehackte Haselnüsse
- 200 g Weizenmehl
- 1 Würfel frische Hefe
- 1 Prise Zucker
- 50 ml warme Milch
- 1 kleine Zwiebel
- 100 g geräucherter Speck
- 20 ml feines, kalt gepresstes Öl
- 1 Ei
- ½ TL Salz
- 1 Eigelb
- 2 EL Speck

Haselnuss-Brotaufstrich

Bei geringer Temperatur Honig und Wasser in einem Kochtopf langsam erhitzen und homogen verrühren. Nicht kochen lassen!

Die gemahlenen Haselnüsse sowie die geriebene Bitterschokolade zugeben und gründlich unterziehen.

Vom Herd nehmen und noch warm in vorbereitete Marmeladengläser füllen; sofort mit Schraubdeckeln fest verschließen und abkühlen lassen.

Im Kühlschrank hält sich dieser köstliche Nuss-Brotaufstrich – der auch auf Butterkeksen ein Gedicht ist! – 1 bis 2 Monate.

ZUTATEN

- 250 g fein gemahlene Haselnüsse
- 400 g Honig
- 100 ml Wasser
- 50 g geriebene Bitterschokolade (mind. 75 % Kakaoanteil)

Schlehdorn

Prunus spinosa

DER WEHRHAFTE FRÜHLINGSBOTE

Der Schwarzdorn – ein weiterer Name dieses für Wildtiere sehr wichtigen Strauches – gesellt sich gern zum Weißdorn. Beides sind sparrige Gesellen, die sich aber gut unterscheiden lassen: Der Schlehdorn entwickelt bereits im frühen März bis hinein in den April üppige, zart nach Mandeln duftende Blütenkaskaden – eine wahre Schmetterlingsweide! Erst nach der Blüte sprießen dann die keilförmigen, fein gezahnten Blätter. Beim Weißdorn hingegen verläuft es umgekehrt: erst die Blätter, dann die Blüte.

Nicht nur die Nist- und Brutplätze der Vögel werden durch die vielen Dornen der Schlehe – die Artenbezeichnung spinosa bedeutet stachelig – bestens geschützt. Auch unsere Vorfahren schätzten Schwarzdornhecken als wehrhafte Einfriedung ihrer Heimstätten und Schutz gegen wilde Tiere, Dämonen und Hexen. Kernfunde belegen die Verbreitung der Schlehe in Mitteleuropa bereits für die Jungsteinzeit.

Ihren Namen verdankt sie vermutlich der Fruchtfarbe, abgeleitet von dem indogermanischen Wort »(S)li« für »bläulich«; im Althochdeutschen wurde daraus »sleha«, im Neuhochdeutschen »slehe«.

Als es noch keine computergestützten Wettervorhersagen gab, war der Schlehdorn für die Bauern ein wichtiger Anzeiger der künftigen Wetterentwicklung: Man zählte die genaue Anzahl Tage zwischen der vollständigen Blüte und dem 23. April, dem Georgitag, und legte anhand dessen dann die besten Tage für die traditionell um den 25. Juli herum, den Jakobitag, stattfindende Getreideernte fest.

Nach der üppigen Blütenpracht entwickeln sich grüne Steinfrüchte, die sich mit zunehmender Reife dunkelblau bis schwarz färben. Die Schlehdornfrucht ist sauer und herb, nach dem ersten Winterfrost aber wird sie schmackhafter und für uns »kochtechnisch« interessant. Die Schlehe besitzt dann solch ein herrliches Aroma, dass man die etwas mühsame Prozedur des Kernauslösens gerne in Kauf nimmt.

STANDORT

Bevorzugt werden sonnige Plätze, ob nun steinige Böden, felsige Hänge, kalkhaltige Weg- oder Waldränder. Am wohlsten fühlt sich der Schwarzdorn in der Gesellschaft von Weißdorn, Berberitze, Haselnuss und auch Wildrose.

HEILWIRKUNG

Die Inhaltsstoffe der Blüten und Früchte – wie Vitamin C und B, Flavonoide, Bitter- und Gerbstoffe, Säure und Pektin – wirken leicht abführend, adstringierend, fiebersenkend und entzündungshemmend und helfen bei Blasen- und Nierenproblemen. Ein Aufguss aus getrockneten Blüten ist auch bei Kindern gut einsetzbar gegen Durchfall und Magenbeschwerden.

VERWENDUNG IN DER KÜCHE

Bekannt sind alkoholische »Muntermacher« wie Schlehenbrand und -punsch. Doch auch in Marmeladen, Chutneys, Kuchen oder Säften findet der Schlehdorn sein Plätzchen.

SAMMELZEIT

Die Blüten von März bis April; die Früchte nach dem ersten Frost bis in den Winter hinein.

Rotkraut mit Schlehen-Kompott

ZUTATEN

- 1 kg Schlehen mit Stein
- 1 kg Zucker
- Inneres einer halbierten Vanillestange
- Saft von 1 Zitrone
- 1 kg frisches Rotkraut
- 1 fein gewürfelte Zwiebel
- 1 EL Butter
- 3 Wacholderbeeren
- 2 Lorbeerblätter
- 5 Nelken
- ½ l Schlehensaft
- 2 Äpfel
- 1 Prise Salz
- 1 Prise Zucker
- 3 EL Rotweinessig

Die Schlehen waschen und entstielen. In einer großen Kasserolle mit dem Zucker, dem Vanillemark und dem Zitronensaft zum Kochen bringen und für 40 bis 50 Minuten weiterköcheln lassen. Im Anschluss durch ein Sieb streichen, dabei das Mus auffangen.

Das Rotkraut fein schneiden. In einem größeren Topf die Zwiebelwürfel in der heißen Butter glasig dünsten, danach den Rotkohl hineingeben. Die Wacholderbeeren, die Lorbeerblätter und die Nelken in einem Gewürzsäckchen zufügen. Das Ganze für circa 20 Minuten dämpfen, bis das Kraut zusammenfällt. Erst dann mit dem Schlehensaft ablöschen.

Die Äpfel schälen, entkernen und achteln. Mitsamt dem Schlehen-Kompott zum Kraut geben. Gut durchmischen und nun für 1 bis 1,5 Stunden dünsten lassen (je nach gewünschter Bissfestigkeit), dabei immer wieder durchrühren. Am Ende der Kochzeit das Gewürzsäckchen entfernen.

Vor dem Servieren mit Salz, Zucker und Rotweinessig abschmecken – etwas ganz Besonderes zu Wild und anderem Fleisch!

Schlehen-Chutney

ZUTATEN

- 1 kg entsteinte Schlehen
- 250 g Rosinen
- 1 EL Olivenöl
- 2 gehackte Zwiebeln (ca. 100 g)
- 20 g frisch geriebener Ingwer
- 1 Prise Salz
- 1 Prise gemahlene Nelken
- 1 EL gemahlener Koriander
- 150 g Honig

Die Rosinen in Wasser einweichen, bis sie schön prall sind.

In einer größeren Kasserolle das Olivenöl erhitzen und darin die Zwiebelwürfel anbraten. Die entkernten Schlehen zugeben. Den Topfinhalt auf kleiner Flamme circa 1 Stunde lang einkochen lassen, dabei immer wieder umrühren. Den Ingwer zugeben und mit Salz, Nelken- und Korianderpulver abschmecken. Zum Schluss den Honig sogfältig unterrühren.

Noch heiß in vorbereitete saubere Marmeladengläser mit Schraubdeckel füllen und sofort fest verschließen. So hält sich das Chutney im Kühlschrank für etwa 3 Monate.

Ein Gedicht zu Käse und Geflügel!

Schlehen pikant

Die Schlehen waschen, deren Stiele abzupfen und die Früchte gut bedeckt mit Wasser in einer Kasserolle kurz aufkochen lassen. Vom Herd nehmen und durch ein Sieb abgießen (das Kochwasser wird nicht benötigt).

Den Balsamessig mit dem Zucker aufkochen; den dabei entstehenden Schaum abschöpfen. Die Gewürznelken, die halbe Zimtstange sowie die Schlehen zufügen und zusammen nochmals aufkochen lassen.

Die Schlehen herausschöpfen und auf vorbereitete saubere, verschließbare Gläser verteilen. Jedes Glas bis zum Rand mit dem Sud auffüllen. Abkühlen lassen und erst dann verschließen. Gekühlt sind die Früchte so einige Monate haltbar.

Die pikanten Schlehen schmecken hervorragend als Beilage zu Wildgerichten. Man muss allerdings ein bisschen Kerne spucken …

ZUTATEN

- 750 g Schlehen mit Stein
- 250 ml weißer Aceto balsamico
- 300 g Zucker
- 5 Gewürznelken
- ½ Zimtstange

Würziger Schlehen-Likör

Die Schlehen waschen und entstielen. Ein Viertel der Früchte in einem Mörser fein zerstoßen. Die zerquetschten Kerne verleihen dem Likör zusätzliches Aroma. Den Rest der Schlehen so zerdrücken, dass die Kerne ganz bleiben.

In einer Kasserolle die gesamten Früchte in ½ l Wasser aufkochen und einige Minuten lang köcheln lassen. Vom Herd nehmen und nach dem Abkühlen mit dem Rotwein übergießen. Für fünf Tage an einem kühlen Ort abgedeckt ziehen lassen.

Nach dieser Zeit den Topfinhalt durch ein Sieb streichen, dabei die Flüssigkeit in einem zweiten Kochtopf auffangen.

Nelken und Zimt in ein Gewürzsäckchen füllen und zum Saft geben. Diesen aufkochen und für 5 Minuten köcheln lassen. Danach die Gewürze wieder entfernen. Den Zucker einstreuen, erneut aufkochen und weitere 5 Minuten köcheln lassen. Vom Herd nehmen und den Vanillinzucker zufügen.

Nach dem vollständigen Abkühlen den Wodka und den Rum mit dem Schlehen-Saft verrühren. In saubere, gut verschließbare Flaschen füllen und kühl lagern.

ZUTATEN

- 500 g Schlehen mit Stein
- 1 l halbtrockener Rotwein
- 4 Gewürznelken
- ca. ¼ Stange Zimt
- 500 g Zucker
- 1 Päckchen Vanillinzucker
- 1 l Wodka (38 %)
- 125 ml Rum

Überbackene Schlehen-Tarte

ZUTATEN

1 ½ kg Schlehen (mit Stein)

Für den Boden

- 250 g Mehl
- 125 g Butter
- 100 g Zucker
- 3 Eigelb

Für die Füllung

- 3 Eiweiß
- 200 g Sahne
- 100 g Zucker
- 2 TL Stärkemehl
- abgeriebene Schale von 1 unbehandelten Zitrone

Die nach dem ersten Frost gesammelten Schlehen waschen, die Stiele abzupfen und die Früchte entkernen.

Das Mehl in eine Schüssel sieben und mit den übrigen Zutaten für den Boden rasch zu einem Mürbeteig verkneten. Den Teig für 30 Minuten kalt stellen.

In der Zwischenzeit den Backofen auf 180 °C vorheizen.

Den Mürbeteig aus dem Kühlschrank nehmen und zu einem großen Rund ausrollen. Darauf als Schablone die Springform stellen und mit einem Messer den Teigboden ausschneiden; damit die Springform auslegen. Aus dem abgeschnittenen Teigstreifen einen Rand formen; diesen fest an die Form andrücken.

Die Tarte ohne Füllung in den Backofen stellen in circa 30 bis 35 Minuten goldgelb backen.

In der Zwischenzeit in einer Kasserolle die entkernten Schlehen mit etwas Wasser zum Kochen bringen und für 15 Minuten köcheln lassen. Vom Herd nehmen und beiseite stellen.

Das Eiweiß zu steifem Schnee schlagen. Die Sahne gesondert ebenfalls steif schlagen. Eischnee und Sahne behutsam miteinander vermengen; Zucker, Stärkemehl und Zitronenschale zufügen und ebenso vorsichtig unterheben. Als Letztes die Schlehen unter die Masse ziehen.

Die Füllung auf dem vorgebackenen Boden verteilen, die Tarte erneut in den Backofen stellen und für 10 Minuten bei 150 °C überbacken.

ÜBERBACKENE SCHLEHEN-TARTE

Edelkastanie

Castanea sativa

DIE GRÜNE »IGELNUSS« DER ESSKASTANIE

»Igelnuss« nannten wir Kinder die stachelig bewehrten Früchte der wilden Esskastanie. Doch wohlweislich ließen wir die Finger von ihnen; stets versuchten wir die geschlossenen Fruchtbecher mit den Schuhspitzen zu knacken, um so ohne Blessuren an die begehrten Früchte zu kommen. Der »Schuhtrick« funktionierte bestens, die »Igelnüsse« platzten auf, wir sammelten eifrig und wurden dafür zu Hause mit im Ofen gerösteten Kastanien belohnt.

Die deutsche Bezeichnung »Kastanie« leitet sich her aus der lateinischen Gattungsbezeichnung »Castanea« und aus dem mittelhochdeutschen »Kestene«. Sowohl Wildform als auch Kulturform der Edelkastanie – wie ihr deutscher Name botanisch korrekt lautet – sind nicht zu verwechseln mit der Rosskastanie. Letztere ist nicht essbar, nur das Stachelkleid haben beide gemeinsam. Die kultivierte Form der Esskastanie »firmiert« auch als Mar(r)oni oder Marone und ist um einiges größer als ihre wilde Schwester.

Die Edelkastanie gehört zur Familie der Buchengewächse. Ihre Blätter erscheinen sehr spät – erst Anfang Mai –, erreichen dann aber Längen von bis zu 20 Zentimetern. Sie sind tiefgrün glänzend, an den Seiten kantig gezähnt und die Zähne enden in einer kleinen Spitze. Wenn die Kastanie erst einmal in vollem Blätterkleid steht und sich die beeindruckenden Blütenstände und später im Jahr die stachelig-grünen Früchte zeigen, dann gibt sie ein prächtig-imposantes Bild ab. Ihre nach dem Rösten köstlich-süßen Früchte sind übrigens botanisch gesehen echte Nüsse.

Die bereits in prähistorischen Funden nachweisbare Esskastanie hat ihren Ursprung vermutlich in der Kaukasusregion; sie fand den Weg zu uns über Kleinasien und das alte Thessalien. Die Edelkastanie wurde bereits in der Antike kultiviert und stand bei Griechen wie Römern gleichermaßen hoch in der Gunst. Und schon bald kam das gesamte riesige Römische Reich in den Genuss der nährreichen Maronen, des nützlichen Holzes sowie der zu medizinischen Zwecken eingesetzten Rinde, Blätter und Blüten. Von Apicius, dem berühmten Koch Kaiser Augustus, sind zahlreiche Kastaniengerichte überliefert. Im frühen Mittelalter galten die Früchte der Esskastanie als wichtiges Grundnahrungsmittel. Und Hildegard von Bingen soll gar gesagt haben: »Alles von diesem Baum ist nützlich gegen jede Schwäche, die im Menschen ist.« Wie so oft bei den Wildpflanzen besteht auch hier zwischen Genuss und Heilwirkung ein ausgewogenes Miteinander.

STANDORT

Die Edelkastanie ist ein Lichtbaum. Sie liebt zudem mollige Wärme und ausgeglichene Regenperioden. Auf zu viel Trockenheit oder zu viel Nässe reagiert sie allergisch und verweigert dann die Fruchtbildung. Genauso bringen Spätfröste

VERWENDUNG IN DER KÜCHE

Die Esskastanie punktet mit einer breiten Palette an Möglichkeiten: zu (grobem) Mehl verarbeitet schmeckt sie in Brot, Gebäck, Pasta, Polenta und Gnocchi; sie bereichert Süßspeisen ebenso wie Suppen und Salate; sie überzeugt als Füllung von Gemüse, Geflügel, Wild und Schwein. Eine süße Verführung sind Likör und Honig.

SAMMELZEIT

Je nach Wetterlage reifen die stacheligen Früchte von Anfang bis Ende Oktober. Dann fallen sie vom Baum und lassen sich gut sammeln.

ihren Zeitplan durcheinander. So findet man die Esskastanie am ehesten dort, wo ein relativ gleichmäßiges Klima herrscht. Hat sie erst einmal ihren Platz gefunden, dankt sie es viele Jahre mit köstlichen Nüssen.

HEILWIRKUNG

Im Vergleich zu anderen Nüssen besitzt die Esskastanie einen höheren Kohlenhydrat- und einen geringeren Fettanteil. Der Gehalt sowohl an essenziellen Aminosäuren als auch an Linol- und Linolinsäure ist beachtlich. Vitamin A, B1 und B2 sowie viel Kalium werten sie weiter auf. Hinzu kommt ein Riesenplus: Die Frucht ist glutenfrei und kann somit bestens als Getreideersatz für Patienten mit Zöliakie verwendet werden. Die Blätter der Edelkastanie, als Tee zubereitet, helfen bei vielen Atemwegsbeschwerden.

EINIGE ZUBEREITUNGSTIPPS

- Da das Protein der Früchte kein Prolamin und Glutenin – also keine Kleber – enthält, muss Kastanienmehl beim Backen immer zusammen mit anderem Mehl verwendet werden, damit das Backerzeugnis später nicht auseinanderbricht.
- Roh sind die Nüsse ungenießbar, sie müssen immer zunächst gegart werden.
- Die Kastanien lassen sich auf dreierlei Art schälen und garen:
  1. Die Früchte mit einem scharfen Messer auf der flachen Seite kreuzweise einschneiden und auf einem Backblech bei 200 °C für 30 Minuten rösten. Danach sofort schälen. Im Anschluss in Wasser weich kochen.
  2. Die Maronen ohne zu schälen portionsweise in kochendes Wasser geben und für 20 Minuten kochen. Danach abgießen und zügig schälen.
  3. Die Nüsse im rohen Zustand mithilfe eines scharfen Messers von der äußeren harten Schale befreien. Dann für 5 Minuten in kochendem Wasser ziehen lassen. Die innere Haut kann man leicht abreiben.
- Anhaltspunkt: 1 Kilogramm gesammelte Esskastanien ergibt circa 800 Gramm geschälte Nüsse.

Kastanien-Brot

Die Kastanien in einer heißen Pfanne rundum gleichmäßig anrösten. Anschließend im Mörser fein mahlen und in einer großen Schüssel mit dem übrigen Mehl vermengen. In die Mitte des Mehlberges eine Kuhle hineindrücken, dort hinein die Hefe bröseln und den Zucker streuen. Etwa die Hälfte der Milch gut lauwarm erhitzen und Hefe sowie Zucker damit begießen. Nun an einem warmen Ort zugedeckt für 30 Minuten gehen lassen.

Im Anschluss die restlichen Zutaten zugeben und alles zu einem glatten Teig verarbeiten. Diesen nochmals zugedeckt an einem warmen Ort für 1 Stunde gehen lassen.

Rechtzeitig den Backofen auf 200 °C vorheizen.

Den Teig aus der Schüssel nehmen und ein zweites Mal gut durchwalken. Daraus zwei Brotlaibe formen und diese auf einem gefetteten, bemehlten Backblech weitere 15 Minuten lang gehen lassen. Erst dann die Laibe bei 200 °C circa 40 Minuten lang backen.

Das Kastanien-Brot schmeckt köstlich mit Butter und zu Salaten und Käse!

ZUTATEN

- 150 g geschälte, gekochte Esskastanien
- 250 g Weizenmehl
- 250 g Weizenvollkornmehl
- 40 g frische Hefe
- 40 g Zucker
- ⅜ l Milch
- 80 g Rosinen
- ½ EL Salz
- Butter und Mehl fürs Backblech

Hähnchenbrustfilets auf Kastanien-Sauce

Falls nötig, die Innenhaut von den Kastanien entfernen; danach in kochendem Wasser in 30 Minuten weich kochen. Die Früchte herausschöpfen und in einer Schüssel zusammen mit der Hälfte der Schlagsahne pürieren.

Die Hähnchenbrustfilets salzen und pfeffern. In eine heißen Pfanne etwas Öl geben. Die Hähnchenbrustfilets von beiden Seiten goldbraun anbraten. Mit der Brühe ablöschen und der restlichen Sahne verfeinern. So lange köcheln lassen, bis die Filets innen gar sind und die Flüssigkeit etwas reduziert wurde. Nun das Kastanienpüree einrühren.

Die Hähnchenbrustfilets mit der Kastaniensauce auf vorgewärmten Tellern servieren. Dazu passen Nudeln, Kartoffeln oder auch Reis.

ZUTATEN

- 250 g geschälte Esskastanien
- 150 g Schlagsahne
- 4 kl. Hähnchenbrustfilets
- Salz
- frisch gemahlener weißer Pfeffer
- Öl zum Anbraten
- 50 ml Brühe

Maronen-Suppe mit Majoran

ZUTATEN

- 600 g geschälte Esskastanien
- 1 l Gemüsebrühe
- 200 g Schlagsahne
- 1 EL frisch gehackter Majoran
- Salz
- frisch gemahlener weißer Pfeffer
- einige Chilifäden

Vor dem Hacken des Majorans 6 Blättchen beiseitelegen für die Garnierung.

Die Kastanien 15 Minuten in der Gemüsebrühe kochen; anschließend mit dem Pürierstab in der Brühe fein pürieren. Die Sahne zufügen und die Suppe kurz aufkochen lassen. Temperatur zurückschalten, den gehackten Majoran einstreuen und mit Salz und Pfeffer abschmecken.

Vor dem Servieren mit den Majoranblättchen und einigen Chilifäden garnieren.

Maronen-Strudel

ZUTATEN

- 120 g geschälte, gekochte Esskastanien
- 60 g Honig
- 100 g Speisequark (40 %)
- 2 cl süßer (Kastanien-)Likör
- ½ TL Zimt
- 300 g Blätterteig (frisch oder TK)
- 1 Eigelb
- Puderzucker zum Bestäuben

Den Backofen auf 200 °C vorheizen. Die Maronen pürieren. Das Esskastanien-Püree mit Honig, Quark, Likör und Zimt sorgfältig zu einer cremigen Füllung verrühren.

Den Blätterteig ausrollen und die einzelnen Platten leicht überlappend (dort andrücken!) zu einem großen Rechteck auslegen. Die Füllung auf die gesamte Teigfläche streichen (lediglich an den Rändern 2 Zentimeter aussparen). Blätterteig samt Füllung einrollen, die Rolle an den Enden fest verschließen.

Den Strudel auf ein mit Backpapier ausgelegtes Backblech legen. Mit dem Eigelb bestreichen und bei 200 °C für 20 Minuten backen.

Vor dem Servieren mit Puderzucker bestäuben.

Wer sich der Herausforderung eines echten Strudelteiges stellen möchte: siehe Rezept Kirschen-Strudel, Seite 14!

MARONEN-SUPPE MIT MAJORAN
UND MARONEN-STRUDEL

Kastanien-Gemüseeintopf

ZUTATEN

- 200 g geschälte Esskastanien
- 1 gr. Zwiebel
- ½ Steckrübe
- 4 Kartoffeln
- 500 g Kürbis
- 1 Quitte
- 2 Tomaten
- 2 EL Olivenöl
- ½ l Gemüsebrühe
- 1 Stück geschälter Ingwer (ca. 1 cm)
- 1 Zweig Thymian
- 1 Zweig Majoran
- frisch geriebene Muskatnuss
- Salz
- frisch gemahlener Pfeffer
- 1 EL fein gehackte Petersilie

Zunächst wird sämtliches Gemüse geputzt und klein geschnitten. Bei Bedarf die Innenhaut von den Kastanien entfernen und die Nüsse in kleine Stücke schneiden. Die Zwiebel schälen und fein würfeln. Die Steckrübe, die Kartoffeln und den Kürbis ebenfalls schälen und in kleine Würfel schneiden. Die Quitte von der Schale befreien und in kleine Stücke zerteilen. Die Tomaten waschen und vierteln.

In einem großen Kochtopf das Öl erhitzen und die Zwiebelwürfel darin anschwitzen. Die Würfel von Kürbis, Kastanien, Kartoffeln, Quitte und Steckrübe sowie das Ingwerstück zugeben, kurz andünsten und mit der Gemüsebrühe ablöschen.

Die Suppe einmal aufkochen und danach bei mittlerer Hitze gut 15 Minuten lang köcheln lassen. Die Tomatenviertel sowie Thymian und Majoran zufügen und den Eintopf nochmals gute 5 Minuten simmern lassen. Am Ende der Kochzeit das Ingwerstück und die Kräuterzweige herausnehmen.

Den Eintopf mit Muskat, Salz und Pfeffer abschmecken und vor dem Servieren die Petersilie drüberstreuen.

Kastanien-Püree

ZUTATEN

- 500 g geschälte Esskastanien
- 30 g Butter
- 1 EL Zucker
- ¼ l Fleisch- oder Gemüsebrühe
- 50 ml Milch
- 100 g Schlagsahne
- 2 cl Portwein
- Salz
- 1 TL Zitronensaft
- frisch gemahlener Pfeffer

Die Kastanien, wenn nötig, von der Innenhaut befreien. In einem Kochtopf Butter und Zucker unter Rühren erhitzen. Darin die Kastanien 10 Minuten lang karamellisieren lassen; dabei ständig rühren, damit die Früchte rundherum bedeckt sind.

Die Brühe und die Milch zugießen, aufkochen lassen und die Maronen bei mittlerer Hitze in 30 Minuten weich kochen.

In der Zwischenzeit die Sahne steif schlagen.

Nach der erforderlichen Garzeit die Maronen mit der Flüssigkeit pürieren. Den Portwein unterrühren und die Schlagsahne unter das Püree heben. Mit Salz, Zitronensaft und frischem Pfeffer abschmecken.

Das Kastanien-Püree passt hervorragend zu Wildgerichten!

Bratäpfel mit Kastanien-Creme

Den Backofen auf 200 °C vorheizen. Die Äpfel waschen und für 25 bis 30 Minuten im Ofen garen; sie sollten noch bissfest sein. Aus dem Ofen nehmen, die Hauben mitsamt Stiel abschneiden und beiseite legen. Das Apfelinnere vorsichtig aushöhlen – das heißt das Kerngehäuse komplett entfernen –, damit Platz für die Füllung ist. Die Äpfel warm stellen.

Die Esskastanien schälen, bei Bedarf von der Innenhaut befreien und in kochendem Wasser weich kochen. Die Früchte herausschöpfen und pürieren.

Die Sahne sehr steif schlagen. Den Zucker und den Orangenlikör locker unterziehen; die pürierten Kastanien ergänzen und ebenso unterheben. Dabei sollte die Sahne nicht komplett zusammenfallen, das Ziel ist eine luftig-leichte Creme.

Die Kastanien-Creme in die ausgehöhlten Äpfel füllen. Auf Tellern mit der (bei Bedarf etwas »verdünnten«) Marmelade einen Soßenspiegel anrichten. Darauf die Bratäpfel setzen, die zum Schluss noch ihre dekorative »Mütze« erhalten.

ZUTATEN

- 250 g Esskastanien mit Schale
- 4 säuerliche mittelgr. Äpfel mit Stiel (z. B. Boskop, Gloster, Cox Orange)
- ⅛ l Schlagsahne
- 50 g Zucker
- 2 EL Orangenlikör
- einige TL herbe Marmelade nach Wahl

Kastanien-Parfait

Kastanien-Püree: Die geschälten Esskastanien bei Bedarf von der Innenhaut befreien und in der Milch circa 15 Minuten weich kochen. Den Topfinhalt mit einem Mixstab pürieren.

Die Eier trennen. In einer Schüssel das Eidotter mit dem Zucker schaumig schlagen. Die Vanilleschote längs aufschlitzen und das Mark herauskratzen. Die Milch mit dem Vanillemark aufkochen.

Die heiße Flüssigkeit unter die Eischaummasse rühren, das Kastanien-Püree sowie den Rum unterziehen. Die Masse abkühlen lassen.

Zunächst die Sahne, dann das Eiweiß sehr steif schlagen. Beides unter die abgekühlte Masse heben.

Eine Kunststoffform mit Klarsichtfolie auslegen und die Parfaitmasse hineinfüllen. Im Gefrierschrank für 3 bis 4 Stunden frosten. Danach aus der Form stürzen, in Scheiben schneiden und hübsch garniert servieren.

ZUTATEN

- 150 g geschälte Kastanien
- 300 ml Milch
- 2 Eier (Gew.-Kl. M)
- 150 g Zucker
- 80 ml Milch
- 1 Vanilleschote
- 1 EL Rum
- ¼ l Schlagsahne

Das Kastanien-Püree lässt sich wunderbar einfrieren – am besten also im Herbst einen genügend großen Vorrat für die übrigen Monate des Jahres herstellen.

Gewöhnlicher Löwenzahn

Taraxacum officinale

DER GESUNDE KÜCHENALLROUNDER

Was ist höher einzuschätzen: sein Wohlgeschmack oder seine Heilwirkung? Wir ziehen uns geschickt aus der Affäre und sagen: Gleichstand!

Bereits im zeitigen Frühjahr zeigt sich der schmackhafte Korbblütler an den ersten sonnigen Plätzen – und fortan beschert er uns das ganze Jahr hindurch immer neue spannende Zubereitungsmöglichkeiten. Der oberirdische Teil des Löwenzahns kommt in vielen Rezepten meines Wildkräuterkochbuchs zum Einsatz. Hier nun gehen wir wortwörtlich mehr in die Tiefe: Es interessieren uns die aromatischen Wurzeln – bei denen stehen Heilwirkung und Geschmackserlebnis in einem besonders ausgewogenen Verhältnis.

Bereits im 11. Jahrhundert waren arabische Ärzte beeindruckt von den Verdiensten des Löwenzahns bei Leber- und Verdauungsproblemen. Und noch viel früher zollte Apicius, der berühmte Koch von Kaiser Augustus, dem »Küchenmeister Löwenzahn« mit seinen Rezepten äußersten Respekt.

Die Wurzel dieses wilden Tausendsassas besitzt erst im Herbst die optimale Größe und Konsistenz für den Kochtopf. Für die Ernte bewaffnet man sich mit einem »Unkrautstecher« – wie immer der genau aussieht – und gräbt die komplette Pflanze aus. Keine Sorge, diese »Radikalkur« dezimiert die Gattung nur unwesentlich, es gibt ja (aus Gärtners Sicht allzu) viele Nachkommen. Die Wurzel muss sorgfältig gewaschen und gereinigt werden.

Im Mittelalter gab es eine einfache, aber einleuchtende Art der Konservierung für den Winter: Im Herbst wurde der Löwenzahn in seiner Gänze ausgegraben, in Tücher eingeschlagen und im kühlen Keller gelagert – ein lang haltbarer Frischevorrat. Dieser Trick lebt bei heutigen Gartengemüse-Gärtnern wieder auf.

STANDORT

Auf stickstoffreichen Böden in sonnigen Lagen sieht man die Butterblume – ein volkstümlicher Name des Löwenzahns – überall.

HEILWIRKUNG

Die vielen Inhaltsstoffe erzielen in erster Linie eine Anregung aller Körperdrüsen, vor allem der Bauchspeicheldrüse. Der Löwenzahn punktet mit zahlreichen Bitterstoffen, Flavonoiden, einem hohen Inulinanteil – der im Herbst auf stolze 40 Prozent ansteigt – und einer ansehnlichen Menge Kalium. Das Inulin, hauptsächlich in der Wurzel vorkommend, ist vor allem für Diabetiker hilfreich, da es den Stoffwechsel nicht belastet.

VERWENDUNG IN DER KÜCHE

Die Wurzel überzeugt auf vielerlei Weise: in Scheiben geschnitten als Salatbeigabe, als Gemüse verarbeitet, getrocknet als Kaffeeersatz. Und sie eignet sich sogar als Tee.

SAMMELZEIT

Die Wurzel mundet den ganzen Herbst über bis zu den ersten Winterfrösten.

TAPAS VON FRITTIERTEN LÖWENZAHN-WURZELN

Tapas von frittierten Löwenzahn-Wurzeln

DIE »SPANISCHEN GAUMENKITZLER« EINMAL GANZ ANDERS!

Die Löwenzahn-Wurzeln waschen, deren Schale sorgfältig abschaben und die Wurzeln in circa 1 Zentimeter lange Stücke schneiden.

Gesalzenes Wasser zum Kochen bringen und darin den Löwenzahn für 7 bis 8 Minuten köcheln lassen. Durch ein Sieb abgießen und die Löwenzahn-Stücke trocken tupfen; salzen und pfeffern.

Drei tiefe Teller bereitstellen. In den einen das Mehl geben, im zweiten die Eier verquirlen, in den dritten die Semmelbrösel füllen.

Nacheinander die Löwenzahn-Stücke zuerst im Mehl wälzen, dann im Ei und zum Schluss in den Semmelbröseln. (Also die bewährte Schnitzel-Panier-Technik anwenden!)

In einer heißen Bratpfanne die Butter zerlassen und darin den Löwenzahn ausbacken. Anschließend sofort mit dem Zitronensaft beträufeln.

Die Löwenzahn-Tapas in hübsche Schälchen anrichten.

Hierzu gern weitere Tapas reichen wie Streifen von frischem oder mariniertem Paprika und Fenchel, eingelegte Zwiebelchen, Oliven, Salamischeiben … – ganz nach Gusto!

ZUTATEN

- 4 Löwenzahn-Wurzeln
- Salz
- Pfeffer aus der Mühle
- einige EL Mehl
- 2 Eier
- 3 EL Semmelbrösel
- 50 g Butter
- Saft von 1 Zitrone
- Streifen von gelber, roter und grüner Paprika
- Fenchelstreifen
- Salamischeiben
- Oliven
- kl. Zwiebeln

Löwenzahn-Wurzel-Sauce

Die Wurzeln waschen, putzen und in feine Scheiben schneiden. In einer Kasserolle die Butter erhitzen und darin die Zwiebelwürfel und die Löwenzahn-Scheiben bei geringer Hitze 5 Minuten dünsten. Dann die Gemüsebrühe angießen und den Topfinhalt so lange köcheln lassen, bis die Flüssigkeit fast verkocht ist. Vom Herd nehmen und je nach Wunsch sämig bis schaumig pürieren.

Diese feine Sauce passt sowohl als »Vinaigrette« zu Kartoffel-, Endivien- oder Feldsalat wie auch zu Fleisch.

ZUTATEN

- 2 Löwenzahn-Wurzeln (100 g)
- 1 EL Butter
- 1 fein gehackte Zwiebel
- 125 ml Gemüsebrühe

Was reift wann: Jahreszeitenkalender

DIE BESTEN ERNTEZEITEN FÜR BEEREN, FRÜCHTE & WURZELN

BEEREN, FRÜCHTE & WURZELN	JANUAR	FEBRUAR	MÄRZ	APRIL	MAI	JUNI
Wilde Kirsche					BLÄTTER	FRÜCHTE
Wilde Möhre					BLÜTE	BLÜTE
Große Klette					WURZEL	STÄNGEL
Wilde Himbeere						FRÜCHTE
Wald-Erdbeere					BLÄTTER	BLÄTTER
Wilde Brombeere				BLÄTTER	BLÄTTER	BLÄTTER
Wilde Mirabelle						
Gemeine Wegwarte						BLÜTE
Blutwurz					WURZEL	WURZEL
Schwarzer Holunder						BLÜTE
Wilde Heidelbeere						
Wilde Preiselbeere						
Gewöhnlicher Meerrettich	WURZEL	WURZEL	WURZEL	WURZEL	WURZEL	BLÄTTER
Gewöhnliche Berberitze						
Eiche						BLÄTTER
Topinambur						
Weißdorn			BLÄTTER	BLÄTTER	BLÜTEN	BLÜTEN
Sanddorn						
Echte Mehlbeere						
Hagebutte					BLÄTTER	BLÜTEN
Wildbirne				BLÜTE		
Echte Walnuss						
Vogelbeere						
Wiesen-Pastinak						BLÄTTER
Rotbuche				BLÄTTER	BLÄTTER	
Gemeiner Wacholder						
Gemeine Hasel						
Schlehdorn			BLÜTE	BLÜTE		
Edelkastanie						
Gewöhnlicher Löwenzahn						

JULI	AUGUST	SEPTEMBER	OKTOBER	NOVEMBER	DEZEMBER	BEEREN, FRÜCHTE & WURZELN
■						Wilde Kirsche
■	WURZEL	WURZEL	WURZEL			Wilde Möhre
■	■	WURZEL	WURZEL			Große Klette
■	■					Wilde Himbeere
FRÜCHTE	FRÜCHTE	FRÜCHTE				Wald-Erdbeere
FRÜCHTE	FRÜCHTE	FRÜCHTE				Wilde Brombeere
FRÜCHTE	FRÜCHTE	FRÜCHTE				Wilde Mirabelle
■	■	WURZEL	WURZEL	WURZEL		Gemeine Wegwarte
■		WURZEL	WURZEL	WURZEL		Blutwurz
■		FRÜCHTE	FRÜCHTE			Schwarzer Holunder
BEEREN	BEEREN	BEEREN				Wilde Heidelbeere
	BEEREN	BEEREN				Wilde Preiselbeere
■	■	■	WURZEL	WURZEL	WURZEL	Gewöhnlicher Meerrettich
	FRÜCHTE	FRÜCHTE	FRÜCHTE	FRÜCHTE		Gewöhnliche Berberitze
			FRÜCHTE	FRÜCHTE		Eiche
			WURZELN	WURZELN		Topinambur
	FRÜCHTE	FRÜCHTE	FRÜCHTE	FRÜCHTE		Weißdorn
	FRÜCHTE	FRÜCHTE	FRÜCHTE	FRÜCHTE		Sanddorn
		FRÜCHTE	FRÜCHTE	FRÜCHTE		Echte Mehlbeere
■		FRÜCHTE	FRÜCHTE	FRÜCHTE		Hagebutte
		FRÜCHTE	FRÜCHTE			Wildbirne
		FRÜCHTE	FRÜCHTE			Echte Walnuss
	FRÜCHTE	FRÜCHTE	FRÜCHTE	FRÜCHTE		Vogelbeere
■	■		WURZEL	WURZEL	WURZEL	Wiesen-Pastinak
			FRÜCHTE	FRÜCHTE		Rotbuche
			FRÜCHTE	FRÜCHTE	FRÜCHTE	Gemeiner Wacholder
		FRÜCHTE	FRÜCHTE	FRÜCHTE		Gemeine Hasel
			FRÜCHTE	FRÜCHTE	FRÜCHTE	Schlehdorn
			FRÜCHTE			Edelkastanie
		WURZEL	WURZEL	WURZEL		Gewöhnlicher Löwenzahn

Rezeptverzeichnis nach Wilden Beeren, Früchten und Wurzeln

Register (Sachbegriffe und Rezepte)

Quellen / Literaturnachweis

VERWENDETE/WEITERFÜHRENDE LITERATUR

Aichele, Dietmar: Was blüht denn da?, Franckh-Kosmos Verlags-GmbH & Co. KG, Stuttgart 2008

Dreyer, Eva-Maria: Welche Wildkräuter und Beeren sind das?, Franckh-Kosmos Verlags-GmbH &Co. KG, Stuttgart 2009

Edlin, Herbert L.: Bäume, Verlag J. Neumann-Neudamm KG, Melsungen 1983

Fleischhauer, Steffen Guido/Guthmann, Jürgen/Spiegelberger, Roland: Essbare Wildpflanzen, AT Verlag, Baden und München 2007

Graupe, Friedrich/Koller, Sepp: Delikatessen aus Wildkräutern, Das Wildpflanzen-Kochbuch, Verlag Orac im Verlag Kremayr & Scheriau, Wien 1992

Kremer, Bruno P.: Heilpflanzen, Franckh-Kosmos Verlags-GmbH, Stuttgart 2003

Longariva, Karin: Das kleine Kastanien-Kochbuch, Edition Löwenzahn StudienVerlag GmbH, Innsbruck 1998

Panek, Norbert: Buchenwälder in aller Munde, Ambaum Verlag, Vöhl-Basdorf 2012

Pirc, Helmut: Wildobst und seltene Obstarten im Hausgarten, Leopold Stocker Verlag, Graz 2009

Podlech, Dieter: Heilpflanzen, Gräfe und Unzer Verlag GmbH, München 1987

Recht, Christine/Wetterwald, Max F.: Ernte am Wegrand, Ulmer GmbH & Co., Stuttgart 2002

Renz, Hanna: Alles aus der Muffinform, Edition XXL GmbH, Fränkisch Crumbach 2005

VERWENDETE/WEITERFÜHRENDE WEBSITES

www.gesundheit.de (Stand 17.11.2011)

www.heilkraeuter.net (Stand 23.11.2011)

www.kaesekessel.de (Stand 17.01.2012)

www.kraeuter-verzeichnis.de (Stand 19.01.2012)

www.wikipedia.org (Stand 14.03.2012)

www.wikipedia.org (Stand 03.07.2011)

Dieses Buch widme ich meiner Familie mit Judith und Philippe, Herrath und Bernhard, Anne Wibke mit Sohn Julius, Regine und Alexander mit den Kindern Louisa und Finn, Götz und Claudia mit Tochter Mara in großer Zuneigung.

Danken möchte ich, Usch von der Winden, meinem grandiosen Power-Team Cornelia, Dana, Karin und Sabine, das nachhaltig zum Gelingen dieses schönen Buches beigetragen hat.

Zudem vielen lieben Freunden, namentlich Majo und Martin Marcan, Bertheide und Professor Dr. Helmut Böhme, Thea Klein, Anke und Jan Koch sowie Martina Rank. Sie haben mich so oft mit guten Taten, Requisiten und vielen Durchhaltesprüchen hilfreich unterstützt.

Bedanken möchte ich mich auch bei der Mannschaft des Fackelträger Verlags für die gute und kooperative Zusammenarbeit an der »wunderbaren Papierarbeit«.

TEXTE, REZEPTE, FOOD-DESIGN
Usch von der Winden, Wiesbaden

FOTOS
Cornelia Renson, Photodesign, Wiesbaden

GESTALTUNG
Dana Kula, Dipl.-Designerin (FH), Wiesbaden

TEXTREDAKTION UND LEKTORAT
Karin Schulze-Langendorff, Wismar

BILDBEARBEITUNG
Sabine Becker, Dipl.-Designerin (FH), Wiesbaden

GESAMTHERSTELLUNG
Fackelträger Verlag GmbH, Köln

ISBN: 978-3-7716-4497-0
www.fackeltraeger-verlag.de

Impressum

Wildbeeren